传世励志经典

世界伟人箴言录

徐 潜 编著

中华工商联合出版社

图书在版编目（CIP）数据

世界伟人箴言录 / 徐潜编著. --北京：中华工商
联合出版社，2017.1
ISBN 978-7-5158-1894-8

Ⅰ. ①世… Ⅱ. ①徐… Ⅲ. ①箴言－汇编－世界
Ⅳ. ①H033

中国版本图书馆 CIP 数据核字（2016）第 322447 号

世界伟人箴言录

作　　者：徐　潜
出 品 人：徐　潜
策划编辑：魏鸿鸣
责任编辑：崔红亮
封面设计：周　源
责任审读：郭敬梅
责任印制：迈致红
出版发行：中华工商联合出版社有限责任公司
印　　刷：天津旭丰源印刷有限公司
版　　次：2017 年 2 月第 1 版
印　　次：2023 年 4 月第 4 次印刷
开　　本：710mm×1020mm　1/16
字　　数：60 千字
印　　张：12.5
书　　号：ISBN 978-7-5158-1894-8
定　　价：49.80 元

服务热线：010－58301130
销售热线：010－58302813
地址邮编：北京市西城区西环广场 A 座
　　　　　　19－20 层，100044
http://www.chgslcbs.cn
E-mail：cicap1202@sina.com（营销中心）
E-mail：gslzbs@sina.com（总编室）

序

　　为了给《传世励志经典》写几句话，我翻阅了手边几种常见的古今中外圣贤大师关于人生的书，大致统计了一下，励志类的比例，确为首屈一指。其实古往今来，所有的成功者，他们的人生和他们所激赏的人生，不外是："有志者，事竟成。"

　　励志是动宾结构的词，励是磨砺，志是志向，放在一起就是磨砺志向。所以说，励志不是简单的立志，是要像把刀放在石头上磨才能锋利一样，这个磨砺，也不是轻而易举地摩擦一下，而是要下力气的，对刀来说，不仅要把自身的锈磨掉，还要把多余的部分毫不留情地磨掉，这简直是一场磨难。所有绚丽的人生都是用艰难磨砺成的，砥砺生命放光华。可见，励志至少有三层意思：

　　一是立志。国人都崇拜的一本书叫《易经》，那里面有一句话说："天行健，君子以自强不息。"这是一种天人合一的理念，它揭示了自然界和人类发展演化的基本规律，所以一切圣贤伟人无不遵循此道。当然，这里还有一个立什么样的志的问题，孔子说："士不可以不弘毅，任重而道远。"古往今来，凡志士仁人立的都是天下家国之志。李白说：大丈夫必有四方之志，白居易有诗曰：丈夫贵兼济，岂独善一身，讲的都是这个道理。

二是励志。有了志向不一定就能成事，《礼记》里说："玉不琢，不成器。"因为从理想到现实还有很大的距离。志向须在现实的困境中反复历练，不断考验才能变得坚韧弘毅，才能一步一个脚印地逐步实现。所以拿破仑说：真正之才智乃刚毅之志向。孟子则把天将降大任于斯人描述得如此艰难困苦。我们看看历代圣贤，从世界三大宗教的创始人耶稣、穆罕默德、释迦牟尼到孔夫子、司马迁、孙中山，直至各行各业的精英，哪一个不是历经磨难终成大业，哪一个不是砥砺生命放射出人生的光芒。

三是守志。无论立志还是励志都不是一朝一夕、一蹴而就的，它贯穿了人的一生，无论生命之火是绚丽还是暗淡，都将到它熄灭的最后一刻。所以真正的有志者，一方面存矢志不渝之德，另一方面有不为穷变节、不为贱易志之气。像孟子说的那样："富贵不能淫，贫贱不能移，威武不能屈。"明代有位首辅大臣叫刘吉，他说过：有志者立长志，无志者常立志，这话是很有道理的。

话说回来，励志并非粘贴在生命上的标签，而是融汇于人生中一点一滴的气蕴，最后成长为人的格调和气质，成就人生的梦想。不管你做哪一行，有志不论年少，无志空活百年。

这套《传世励志经典》共收辑了100部图书，包括传记、文集、选辑。为读者满足心灵的渴望，有的像心灵鸡汤，营养而鲜美；有的就是萝卜白菜或粗茶淡饭，却是生命之必需。无论直接或间接，先贤们的追求和感悟，一定会给我们带来生命的惊喜。

徐　潜

前　言

　　箴言，是人类思想中最浓缩的精华；伟人，是人类历史中最优秀的精英；伟人箴言就是精华加精华，对于我们思想的滋养、心灵的慰藉、生活的启迪，都有点石成金的作用。

　　本书所选古今中外公认的三十几位世界伟人的箴言加小传，以飨读者。

　　对于一本收辑中外名人箴言的小册子来说，我已说的太多了。

　　是为前言。

目 录

健康与快乐

愉快的思想造就愉快的生活。

[英] 艾萨克·牛顿

健康胜过力量和美貌。

[古希腊] 亚里士多德

最易使人衰竭、最易损害一个人的，莫过于长期不从事体力劳动。

[古希腊] 亚里士多德

在学校和生活中，工作的最重要的动力是工作中的乐趣，是工作获得结果时的乐趣，以及对这个结果的社会价值的认识。

[美] 阿尔伯特·爱因斯坦

每个人都有一定的理想，这种理想决定着他的努力和判断的方向。就在这种意义上，我从来不把安逸和快乐看作生活目的的本身。

[美] 阿尔伯特·爱因斯坦

真正的快乐，是对生活的乐观，对工作的愉快，对事业的热心。

[美] 阿尔伯特·爱因斯坦

我平生喜欢步行，运动给我带来了无穷的乐趣。

[美] 阿尔伯特·爱因斯坦

乐观是希望的明灯，它指引着你从危险的峡谷中步向坦途，使你得到新的生命，新的希望，支持着你的理想永不泯灭。

[英] 查尔斯·罗伯特·达尔文

一切的和谐与平衡，健康与健美，成功与幸福，都是由乐观与希望的向上心理产生与造成的。

[美] 乔治·华盛顿

一种美好的心情，比十服良药更能解除生理上的疲惫和痛楚。

[德] 卡尔·马克思

健康对每个人来说都是最大的财富，对一个学者来说更是如此。

[德] 卡尔·马克思

人是按美的规律造型的。

[德] 卡尔·马克思

旷达的人长寿。

[英] 威廉·莎士比亚

一切有生之伦，都少不了睡眠的调剂。

[英] 威廉·莎士比亚

过度的饱食有伤胃口，毫无节制地放纵，结果会使人失去自由，正如饥不择食的饿鼠吞咽毒饵一样……

〔英〕威廉·莎士比亚

嘲笑和戏弄是不会带着眼泪来的。

〔英〕威廉·莎士比亚

哭可以使深重的忧愁减轻。

〔英〕威廉·莎士比亚

新的火焰可以把旧的火焰扑灭，大的痛苦可以使小的痛苦减轻；当头晕目眩的时候，只要转身向后，一种绝望的忧愁，便也可以用另一种烦恼把它驱除。

〔英〕威廉·莎士比亚

甜里加甜不见甜，乐中加乐才是大乐。

〔英〕威廉·莎士比亚

一个人思虑太多，就会失去做人的乐趣。

〔英〕威廉·莎士比亚

善说笑话的人，往往有先见之明。

〔英〕威廉·莎士比亚

用毁灭他人的手段，使自己置身在不安的快乐里，倒不如那被我们加害的人来得无忧无虑。

[英] 威廉·莎士比亚

静默是表示快乐的最好方法，要是我能说出我心里多么快乐，那么我的快乐只是有限的。

[英] 威廉·莎士比亚

心里最好常保快乐，如此就能防止百害，延长寿命。

[英] 威廉·莎士比亚

稀罕或偶然的事物才会令人欢悦。

[英] 威廉·莎士比亚

在悲伤中的人们，应该彼此心心相印。

[英] 威廉·莎士比亚

欢乐与行动会使人觉得时光缩短。

[英] 威廉·莎士比亚

休息是滋养疲乏精神的保姆。

[英] 威廉·莎士比亚

美貌最怕忧伤来损害。

[英] 威廉·莎士比亚

越是漂亮的脸蛋，越是经不起岁月的摧残。

　　　　　　　　　　　　［英］威廉·莎士比亚

人无泰然之习惯，必无健康之身体。

　　　　　　　　　　　　［法］拿破仑·波拿巴

幸福，是指适合一个人的希望，以及才能的工作状态。

　　　　　　　　　　　　［法］拿破仑·波拿巴

最能直接打动心灵的还是美。

　　　　　　　　　　［美］托马斯·阿尔瓦·爱迪生

最完善的东西就最不容易受外来影响的变动。

　　　　　　　　　　　　［古希腊］柏拉图

体操和音乐两个方面并重，才能够成为完全的人格。因为体操能锻炼身体，音乐可以陶冶精神。

　　　　　　　　　　　　［古希腊］柏拉图

性情稳定愉快的人，不大会感到老年的压力，但是对于具有相反之性情的人，青年和老年同样都是重负。

　　　　　　　　　　　　［古希腊］柏拉图

健康不是身体状况的问题，而是精神状况的问题。

　　　　　　　　　　　　［古希腊］柏拉图

快乐剥夺一个人对其能力的使用，这和痛苦的作用完全一样。

[古希腊] 柏拉图

第一财富是健康，第二财富是美丽，第三财富是财产。

[古希腊] 柏拉图

我们这些具有无限精神的有限人，就是为了痛苦和欢乐而生的，几乎可以说：最优秀的人物通过痛苦才得到欢乐。

[德] 路德维希·凡·贝多芬

人生愉快的心情，不仅来自突然的、出乎意外的遭遇，也来自预定的自寻的烦恼。

[古罗马] 圣·奥勒留·奥古斯丁

一个人能泰然地忍受那谁也不会喜爱所忍受的。即使因忍受而快乐，但能不需忍受则更好。

[古罗马] 圣·奥勒留·奥古斯丁

任何人，凡是爱好死亡的事物，都是不幸的；一旦丧失，便会心痛欲裂。其实在丧失之前，痛苦早已存在，不过尚未觉察而已。

[古罗马] 圣·奥勒留·奥古斯丁

生命在于运动。

[法] 伏尔泰

饮食如不适可而止，厨师亦成下毒之人。

[法] 伏尔泰

身体必须要有精力，才能听从精神的支配。

[法] 让·雅克·卢梭

装饰的华丽可以显示出一个人的富有，优雅可以显示出一个人的趣味，但一个人的健康与茁壮则须由另外的标志来识别，只有在一个劳动者的粗布衣下面，而不是在婴幸者的穿戴之下，我们才能发现强有力的身躯。

[法] 让·雅克·卢梭

我宁愿我的学生打网球来消磨时间，至少还可以使身体得到锻炼。

[法] 让·雅克·卢梭

散步能促进我的思想，我的身体必须不断运动，脑力才会开动起来。

[法] 让·雅克·卢梭

装饰可以使活生生的女人得到幸福，同时也可以使别人感到美的享受和幸福。

［法］让·雅克·卢梭

体者，载知识之车而寓道德之舍者也。其载知识也如车，其寓道德也如舍。

［中］毛泽东

体育之效，在于强筋骨，因而增知识，因而调感情，因而强意志。

［中］毛泽东

健康的身体是灵魂的客厅，病弱的身体是灵魂的监狱。

［英］弗朗西斯·培根

我们只有固定的健康法则。这些法则却很少有人注意，往往直到临死时，才注意到，然而悔之晚矣。假若人人都知道适当的健身法，不消说，生命就可以大大延长。

［英］弗朗西斯·培根

人们没有哭，便不会有笑。小孩一生下来便会有哭的本领，后来才学会笑。所以一个人不先了解悲哀，便不会了解快乐。

［英］弗朗西斯·培根

最快乐的事莫过于无拘无束。

［英］弗朗西斯·培根

感官的愚弄正是感官的一种快乐。

［英］弗朗西斯·培根

美犹如盛夏的水果，是容易腐烂而难保持的。世界上有许多美人，他们有过放荡的青春，却迎受着愧悔的晚年。因此，把美的形貌与美的德行结合起来吧，只有这样，美才会放射出真正的光辉。

［英］弗朗西斯·培根

美德好比宝石，它在朴素背景的衬托下反而更华丽。同样，一个打扮并不华贵，却端庄、严肃而有美德的人是令人肃然起敬的。

［英］弗朗西斯·培根

假如在表现上过于做作，那反倒会失去优美。因为举止美本身就包括自然和纯真。

［英］弗朗西斯·培根

人们的举止应当像他们的衣服，不可太紧或过于讲究，应当宽舒一点，以便于工作和运动。

［英］弗朗西斯·培根

　　有些老年人显得很可爱，因为他们的作风优雅而美。而尽管有些年轻人具有美貌，却由于缺乏优美的修养而不配得到赞美。

［英］弗朗西斯·培根

　　有诸内必形于外。

［中］孟子

生命与时光

胜利者往往是从坚持最后五分钟的时间中得来成功。

〔英〕艾萨克·牛顿

今天你要完成的事，务必倾注全力。

〔英〕艾萨克·牛顿

逝者如斯夫，不舍昼夜。

〔中〕孔子

吾十有五而志于学，三十而立，四十而不惑，五十而知天命，六十而耳顺，七十而从心所欲，不逾矩。

〔中〕孔子

四十五十而无闻焉，斯亦不足畏也已。

〔中〕孔子

人只有献身社会，才能找出那实际上是短暂而有风险的生命意义。

〔美〕阿尔伯特·爱因斯坦

只有为别人而活的生命才是值得的。

〔美〕阿尔伯特·爱因斯坦

我从来不想未来，它来得太快。

〔美〕阿尔伯特·爱因斯坦

等你们六十岁的时候，你们就会珍惜由你们支配的每一个钟头了。

〔美〕阿尔伯特·爱因斯坦

生命有如铁砧，愈被敲打，愈能发出火花。

〔意〕伽利略·伽利莱

人生最终的价值在于觉醒和思考的能力，而不只在于生存。

〔古希腊〕亚里士多德

聪明人总是与另外的聪明人意见相符；傻瓜常常既不赞同聪明人，也不赞同笨蛋。与此相似，直线总能与直线相吻合；而曲线既不彼此吻合，更不会同直线相一致。

〔古希腊〕亚里士多德

我从来不认为半小时是我微不足道的很小的一段时间。我相信我没偷过半小时的懒。

〔英〕查尔斯·罗伯特·达尔文

完成工作的方法是爱惜每一分钟。

〔英〕查尔斯·罗伯特·达尔文

我的生活过得像钟表的机器那样有规则，当我的生命告终时，我就会停在一处不动了。

〔英〕查尔斯·罗伯特·达尔文

我不能忍受游手好闲，因此，我以为只要我能够做，我就继续做下去……

[英] 查尔斯·罗伯特·达尔文

一个竟会白白浪费一小时的人，就是不懂得生命的价值。

[英] 查尔斯·罗伯特·达尔文

自由时间——不论是闲暇时间还是从事较高级活动的时间——自然要把占有它的人变为另一主体，于是他作为这另一主体又加入直接生产过程。

[德] 卡尔·马克思

珍惜工作时间，无异于扩展空余的时间，也就是扩大了全面发展所必需的条件。这种扩展本身就同巨大的生产力反过来影响生产率一样。

[德] 卡尔·马克思

真正的财富就是所有个人的发达的生产力。那时，财富的尺度绝不再是劳动的时间，而是可以自由支配的时间。

[德] 卡尔·马克思

懦夫一生数死，丈夫只死一遭。

[英] 威廉·莎士比亚

借助药物，说不定能够延长生命，但是，死也会光顾医生的。

[英] 威廉·莎士比亚

为了惧怕可能发生的祸患而结束了自己的生命，是一件懦弱卑劣的行为。

[英] 威廉·莎士比亚

所有人的生命都有一部历史。

[英] 威廉·莎士比亚

青春是一个短暂的美梦，当你醒来时，它早以消失无踪。

[英] 威廉·莎士比亚

青春是不耐久藏的东西。

[英] 威廉·莎士比亚

凭着日晷上潜移的阴影，你也知道时间在偷偷地走向亘古。

[英] 威廉·莎士比亚

无情的时间像一个强盗似的。

[英] 威廉·莎士比亚

时间是无声的脚步，它不会因为我们有许多事情需要处理而稍停片刻。

[英] 威廉·莎士比亚

在时间的大钟上，只有两个字——现在。

〔英〕威廉·莎士比亚

时间对于谁都是奔着走的。

〔英〕威廉·莎士比亚

时间会刺破青春表面的彩饰，会在美人的额上掘深沟浅槽；会吃掉稀世之珍、天生丽质！什么都逃不过它那横扫的镰刀。

〔英〕威廉·莎士比亚

正像波涛向卵石的海岸奔涌，我们的光阴匆匆地奔向灭亡；后一分钟挤去了前一分钟，接连不断地向前竞争得匆忙。

〔英〕威廉·莎士比亚

我荒废了时间，时间便把我荒废了。

〔英〕威廉·莎士比亚

最大的无聊却是为了无聊费尽辛劳。

〔英〕威廉·莎士比亚

我的老年好比生气勃勃的冬天，虽然结着严霜，却并不惨淡。

〔英〕威廉·莎士比亚

时间的威力在于：结束帝王们的战争，把真理带到阳光下，把虚假的谎言揭穿。

〔英〕威廉·莎士比亚

时间会揭发奸人深藏的罪行，坏事虽可掩饰一时，但却免不了最后的出乖露丑。

〔英〕威廉·莎士比亚

活着的士兵，要远比死了的皇帝更有价值。

〔法〕拿破仑·波拿巴

生命是无止境的，不能仅以年龄去衡量；有些人在瞬间过了一生，有些人则在朝夕之间突然衰老。

〔法〕拿破仑·波拿巴

生命是一个需要解决的疑团，是一个需要回答的问题，或者是一个需要探测的奥秘。总之，它是一个值得追求的冒险。

〔法〕拿破仑·波拿巴

时间就是一切。

〔法〕拿破仑·波拿巴

所谓的战术是：抓住最后的一刻，把最强大的力量施展出来。

〔法〕拿破仑·波拿巴

你有一天将遭遇的灾祸是你某一段时间疏懒的报应。

[法] 拿破仑·波拿巴

我如果无所事事地过了一天，自己就觉得好像犯了盗窃罪。

[法] 拿破仑·波拿巴

我可能失去胜利，但没有人会看到我丢失哪怕一分钟。

[法] 拿破仑·波拿巴

昨天，是傻瓜们拿来照耀黄泉路的灯。

[法] 拿破仑·波拿巴

不惜寸阴于今日，必留遗憾于明朝。

[法] 拿破仑·波拿巴

虽然我们总是叹息生命的短促，但我们在每个阶段都盼望它的终结。儿童时期盼望成年，成年盼望成家，之后又想发财，继之又希望获得名誉与地位，最后又想归隐。

[美] 托马斯·阿尔瓦·爱迪生

人生太短暂了，事情是这样的多，能不兼程而进吗？

[美] 托马斯·阿尔瓦·爱迪生

时间带走一切，长年累月会把你的名字、外貌、性格、命运都改变。

〔古希腊〕柏拉图

在生命的冬季里，我的须发灰白了，生命也活够了，那时，我希望自己有这样的幸福——我的安息和冬季时自然的安息一样，是荣耀的，是裨益于人的。

〔德〕路德维希·凡·贝多芬

我们没有学习到一些有用事物的日子，每天都是白白浪费掉的。

〔德〕路德维希·凡·贝多芬

年轻人把受教育求进步的责任和对亲人及支持者所负的义务联结起来，是最适宜不过的事，我对我的双亲做到了这一点。

〔德〕路德维希·凡·贝多芬

人拥有的东西没有比光阴更贵重、更有价值的了，所以千万不要把你今天所做的事拖延到明天去做。

〔德〕路德维希·凡·贝多芬

永生是至善，永死是至恶。

〔古罗马〕圣·奥勒留·奥古斯丁

年轻的时候，日短年长；年老的时候，年短日长。

〔罗马〕盖乌斯·尤利乌斯·恺撒

人不是根本不相信自己的死，就是在无意识中确信自己不死。

[奥] 西格蒙德·弗洛伊德

功成，名就，身退，乃天道也。

[中] 老子

假如我们不知道我们必然会死一次的话，维持生命当是很不合算的工作。

[法] 让·雅克·卢梭

有人可能一百岁时走向坟墓，但是他生下来就已经死亡。

[法] 让·雅克·卢梭

一个人抛弃了自己，便贬低了自己的存在；抛弃了生命，便完全消灭了自己的存在。

[法] 让·雅克·卢梭

浪费时间是一桩大罪过。

[法] 让·雅克·卢梭

十岁时被点心、二十岁被恋人、三十岁被快乐、四十岁被野心、五十岁被贪婪所俘虏。人到什么时候才能只追求睿智呢？

[法] 让·雅克·卢梭

如果你不首先培育活泼的儿童，你就决不能教出聪明的人来。

[法] 让·雅克·卢梭

人们只想到怎样保护孩子，这是不够的。应该教给他们成人后怎样保护他自己，教他经受住命运的打击，教他不要把豪华和贫困看在眼里，教他在必要的时候，在冰岛的冰天雪地里或马尔岛的炽热的岩石上也能够生活。

[法] 让·雅克·卢梭

世界是你们的，也是我们的，但归根结底是你们的。你们青年人朝气蓬勃，正在兴旺时期，好像是早晨八九点钟的太阳，希望寄托在你们身上。

[中] 毛泽东

一个人如果没有浪费半点时间，那么，他的年纪虽然很轻，但也算是活得很久了。

[英] 弗朗西斯·培根

选择时间就等于节省时间；而不合乎时间的举动则等于乱打空气。

[英] 弗朗西斯·培根

真正的敏捷是一件很有价值的事，因为时间是衡量事业的标准，一如金钱是衡量货物的标准。

［英］弗朗西斯·培根

时间乃是最大的革新家。

［英］弗朗西斯·培根

在适当的时候去做事，可以节省时间；背道而行往往会徒劳无功。

［英］弗朗西斯·培根

过去的事情是无法挽回的。聪明人对现在与未来的事唯恐应付不暇，对既往的事岂能再去计较。

［英］弗朗西斯·培根

时间是不可占有的公共财产，随着时间的推移，真理愈益显露。

［英］弗朗西斯·培根

黄金时代是在我们的前面，不是在我们的背后。

［英］弗朗西斯·培根

有经验的老人行事令人放心，而青年人的干劲则令人鼓舞。如果说，老人的经验是可贵的，那么青年人的纯真则是崇高的。

［英］弗朗西斯·培根

为了事后不后悔，宁肯事前不冒险。

〔英〕弗朗西斯·培根

热情炽烈而情绪敏感的人往往要中年以后方能成事。

〔英〕弗朗西斯·培根

超过四十岁的人，在自己的脸上一定挂着责任感。

〔英〕弗朗西斯·培根

智慧与勇气

小不忍，则乱大谋。

[中] 孔子

只要我们能把希望的大陆牢牢地装在心中，风浪就一定会被我们战胜。

[意] 克里斯托弗·哥伦布

勇敢是自信与害怕的中间之道。

[古希腊] 亚里士多德

智慧不仅仅存在于知识之中，而且还存在于运用知识的能力中。

[古希腊] 亚里士多德

人要学会走路，也得学会摔跤，而且只有经过摔跤他才能学会走路。

[德] 卡尔·马克思

生活就像海洋，只有意志坚强的人，才能到达彼岸。

[德] 卡尔·马克思

智慧是命运的一部分，一个人所遭遇的外界环境是会影响他的头脑的。

[英] 威廉·莎士比亚

一切的成败得失都在我们自己，然而我们却往往诿之于天意。

[英] 威廉·莎士比亚

能够将感情与理智调配得很适当，使命运不能把它玩弄于股掌之间的人是幸福的。

〔英〕威廉·莎士比亚

不要坐失良机，当时机将有发的头伸出而无人去抓时，回头她便要伸出一个秃头来。

〔英〕威廉·莎士比亚

失势的伟人举目无亲，走运的穷汉仇敌逢迎。

〔英〕威廉·莎士比亚

人们有时可以支配自己的命运，若我们受制于人，那错处不在我们的命运，而在我们自己。

〔英〕威廉·莎士比亚

在灰暗的日子中，不要让冷酷的命运窃喜；命运既然来凌辱我们，我们就应该用处之泰然的态度予以报复。

〔英〕威廉·莎士比亚

命运给我们自由发展的机会，只是当我们自己冥顽不灵时，我们的计划才会遭遇挫折。

〔英〕威廉·莎士比亚

思想是我们的，目标却非自己所有。

〔英〕威廉·莎士比亚

生存还是毁灭，这是一个值得思考的问题；默默忍受暴虐命运的箭击，还是挺身反抗无涯的苦难，在奋斗中结束一切？这两种行为，究竟哪一种是更勇敢的？

[英] 威廉·莎士比亚

智慧与命运交锋时，如果智慧有敢作敢为的胆识，命运就没有机会动摇它。

[英] 威廉·莎士比亚

危困可以考验一个人的精神，安泰的境遇，任何平凡的人都能应付；风平浪静的海面，所有的船只都可以并驱竞胜；但当命运的铁掌击中要害时，却只有大智大勇的人方能处之泰然。

[英] 威廉·莎士比亚

在命运的颠沛中，最容易看出一个人的气节。

[英] 威廉·莎士比亚

强烈的想象往往具有这种本领，只要领略到一些快乐，就会相信那种快乐背后有一个赐予的人；夜间一转到恐惧的念头，一株灌木一下子便会变成一头熊。

[英] 威廉·莎士比亚

有些人终生向幻影追逐，所得也只是幻想似的满足。

[英] 威廉·莎士比亚

适当的疑惑，被称为"智者的火炬"，同时是搜查恶汉的底蕴的探明灯。

[英] 威廉·莎士比亚

纯洁的思想，可使最微小的行动高尚起来。

[英] 威廉·莎士比亚

充实的思想不在于言语的美丽，而在于它引以为豪的内容。

[英] 威廉·莎士比亚

傻子自以为聪明，但聪明人知道他自己是个傻子。

[英] 威廉·莎士比亚

愚人的蠢事算不得稀奇，聪明人的蠢事才叫人笑破肚皮；因为他以全部的本领，用知识来证明他自己的愚笨。

[英] 威廉·莎士比亚

与其做愚蠢的智人，不如做聪明的愚人。

[英] 威廉·莎士比亚

你应该尽量发挥自己的能力、智力和创造力，使它们集中于自己意志朝向的一点上。千万不可依人作嫁，随声附和，专去做别人的尾巴。

[英] 威廉·莎士比亚

千万人的失败，都是失败在做事不彻底，往往做到离成功尚差一步就终止不做了。

[英] 威廉·莎士比亚

疑惑足以败事，一个人往往因为遇事畏缩的缘故，失去了成功的机会。

［英］威廉·莎士比亚

不要听信那些向你说成败在天而不可强求的一类胡言。

［英］威廉·莎士比亚

灾难是一件很有用的东西，它好像蟾蜍，虽然丑，而且有毒，但头上却戴着一颗珍珠。

［英］威廉·莎士比亚

真正勇敢的人，应当能够智慧地忍受最难堪的屈辱，不以身外的荣辱介怀，用息事宁人的态度避免无谓的横祸。

［英］威廉·莎士比亚

有胆量的人，最先获得冠冕。

［英］威廉·莎士比亚

有德必有勇，正直的人绝不胆怯。

［英］威廉·莎士比亚

巨象的腿是为步行用的，不是为屈膝用的。

［英］威廉·莎士比亚

盲目的恐惧有着明显的理智领导，比之凭着盲目的理智毫无恐惧地横冲直撞，更容易找到一个安全的立足点。

［英］威廉·莎士比亚

意志是无限的，但实际行动起来却往往有许多不可能；欲望是无穷的，然行为亦必须受制于种种束缚。

〔英〕威廉·莎士比亚

简洁是智慧的灵魂，冗长是肤浅的藻饰。

〔英〕威廉·莎士比亚

勇敢是世人公认的最大美德。

〔英〕威廉·莎士比亚

患难可以试验一个人的品格，非常的境遇方能显出非常的气节。

〔英〕威廉·莎士比亚

才能不配以时机，它会变成无用。

〔法〕拿破仑·波拿巴

想象力是人类与现实环境相争时的一种决胜武器。

〔法〕拿破仑·波拿巴

人类是受自己幻想支配的动物。

〔法〕拿破仑·波拿巴

想得好是聪明；计划得好更聪明；做得好是最聪明而又最好。

〔法〕拿破仑·波拿巴

克服障碍达到目的，唯赖智慧、勤俭与机智三者。

［法］拿破仑·波拿巴

凡事必须要有统一和决断。因此，胜利不站在智慧的一方，而站在自信的一方。

［法］拿破仑·波拿巴

辉煌的人生，并不在于长久不败，而是在于不怕失败。

［法］拿破仑·波拿巴

避免失败的最好方法，就是下决心获得成功。

［法］拿破仑·波拿巴

不会从失败中寻找教训的人，他们的成功之路是遥远的。

［法］拿破仑·波拿巴

真正的才智，是刚毅的志向。

［法］拿破仑·波拿巴

"不能"这个词只出现在愚人的字典里。

［法］拿破仑·波拿巴

最困难的时候，也就是我们离成功不远的时候。

［法］拿破仑·波拿巴

困难要靠自己克服，障碍要靠自己冲破，在我的字典里是没有"难"字的。

[法] 拿破仑·波拿巴

一支军队的实力，四分之三是由士气因素决定的。

[法] 拿破仑·波拿巴

胜利将由最有耐力的人获得。

[法] 拿破仑·波拿巴

达到目的有两个途径，即势力与毅力，势力只为少数人所有，但坚忍不拔的毅力却是多数人都有的，它的沉默力量往往可随时间达到不可抵抗的地步。

[法] 拿破仑·波拿巴

忍受痛苦比接受死亡需要更大的勇气。

[法] 拿破仑·波拿巴

世界上只有两种威力：剑与智慧。从长远看，剑总是被智慧制服。

[法] 拿破仑·波拿巴

为能人提供机会，这是我的原则。

[法] 拿破仑·波拿巴

勇敢是一种基于自尊的意识而发展成的能力。

[法] 拿破仑·波拿巴

胜利在最后五分钟。

〔法〕拿破仑·波拿巴

人生的光荣不在永不失败，而在于能屡仆屡起。

〔法〕拿破仑·波拿巴

好动与不满足是进步的第一必需品。

〔美〕托马斯·阿尔瓦·爱迪生

无论何时，不管怎样，我也决不允许自己有一点灰心丧气。

〔美〕托马斯·阿尔瓦·爱迪生

凡是新的不平常的东西都能在想象中引起一种乐趣，因为这种东西使心灵感到一种愉快的惊奇。满足它的好奇心，使它得到原来不曾有过的一种观念。

〔美〕托马斯·阿尔瓦·爱迪生

想象必须是热的，才能够使它以外界的东西所收到的形象留下模印。

〔美〕托马斯·阿尔瓦·爱迪生

在大智慧面前，一切尊贵、赏识和名声的力量都不是对手。

〔美〕托马斯·阿尔瓦·爱迪生

发明是百分之一的灵感加上百分之九十九的血汗。

〔美〕托马斯·阿尔瓦·爱迪生

我不以为我是天才，只是竭尽全力去做而已。

　　　　　　　　　　　　［美］托马斯·阿尔瓦·爱迪生

英雄也是人，与一般人不同的只是他们在面对逆境时更能表现出勇敢和坚忍。

　　　　　　　　　　　　［美］托马斯·阿尔瓦·爱迪生

困难，是动摇者和懦夫掉队回头的便桥，但也是勇敢者前进的脚踏石。

　　　　　　　　　　　　［美］托马斯·阿尔瓦·爱迪生

好人之所以好是因为他是有智慧的，坏人之所以坏是因为他是愚蠢的。

　　　　　　　　　　　　　　　　［古希腊］柏拉图

智者说话，是因为他们有话要说；愚者说话，则是因为他们想说。

　　　　　　　　　　　　　　　　［古希腊］柏拉图

无论如何困难，不可求人怜悯。

　　　　　　　　　　　　　　　　［古希腊］柏拉图

耐心是一切聪明才智的基础。

　　　　　　　　　　　　　　　　［古希腊］柏拉图

完全的智慧有四部分：智慧，正当做事的原则；正义，公平处理公私事的原则；坚韧，不避艰难的原则；节制，压抑欲望淡泊自持的原则。

［古希腊］柏拉图

我的眼睛多半朝着高远的地方注视，但是为了我们自身及为了别人的缘故，我们被迫把我们的注意力转向一些低的事物，这也是人类命运的一部分。

［德］路德维希·凡·贝多芬

智慧、勤劳和天才，高于显贵和富有。

［德］路德维希·凡·贝多芬

苦难是人生的老师。通过苦难，走向欢乐。

［德］路德维希·凡·贝多芬

在困厄颠沛的时候能坚定不移，这就是一个真正令人钦佩的人的不凡之处。

［德］路德维希·凡·贝多芬

只要行为正当，那么勇气会使你获得一切。

［德］路德维希·凡·贝多芬

卓越人物的一大优点是：在不利与艰难的遭遇里百折不挠。

［德］路德维希·凡·贝多芬

智慧使自己逐渐产生神圣的灵魂。

［古罗马］圣·奥勒留·奥古斯丁

命运特别在战争上能扮演最大的角色，那是从小小的原因，引起决定性的变化。

［罗马］盖乌斯·尤利乌斯·恺撒

与其战战兢兢而生，何不轰轰烈烈而死。

［罗马］盖乌斯·尤利乌斯·恺撒

冷静思考的能力，是一切智慧的开端，是一切善良的源泉。

［奥］西格蒙德·弗洛伊德

大巧者有所不为，大智者有所不虑。

［中］老子

要在这世界得获成功就要坚持到底，至死剑都不能离手。

［法］伏尔泰

不经巨大的困难，不会有伟大的事业。

［法］伏尔泰

青年是掌握智慧的时期，老年是运用智慧的时期。

［法］让·雅克·卢梭

现实的世界有限，而幻想的世界却是无际无涯的——我们既无法扩大其一，便只好收缩其一，因为两者之间的距离太远，会使我们痛苦与不幸。

［法］让·雅克·卢梭

自信力对于事业简直是一种奇迹，有了它，你的才能便可以取之不尽，用之不竭；一个没有自信力的人，无论他有多大才能，也不会抓住一个机会。

〔法〕让·雅克·卢梭

成功的秘诀在于永不改变既定之目的。

〔法〕让·雅克·卢梭

悔恨在我们走好运时睡去了，但在我们逆境中却使我们更强烈地感觉到它。

〔法〕让·雅克·卢梭

耐心虽苦，成果却甜。

〔法〕让·雅克·卢梭

你如果愿意有所作为，就必须有始有终。

〔法〕让·雅克·卢梭

青年人比较适合发明，而不适合判断；适合执行，而不适合磋商；适合新的计划，而不适合固定的职业。

〔英〕弗朗西斯·培根

一个人如果从肯定开始，必以疑问告终。如果他准备从疑问开始，则会以肯定结束。

〔英〕弗朗西斯·培根

首先细心思考，然后果断决定，最后坚忍不拔地去做。

[英] 弗朗西斯·培根

明智者创造的机会比他发现的要多。

[英] 弗朗西斯·培根

由智慧所养成的习惯能成为第二本性。

[英] 弗朗西斯·培根

过于求速是做事上最大的危险之一。

[英] 弗朗西斯·培根

没有比害怕本身更可害怕的了。

[英] 弗朗西斯·培根

灰心生失望，失望生动摇，动摇生失败。

[英] 弗朗西斯·培根

知识本身并没有告诉人怎样用它，运用的智慧在于书本之外。

[英] 弗朗西斯·培根

智慧的纪念碑比权力的纪念碑存在得更长久。

[英] 弗朗西斯·培根

善于在做一件事的开端识别时机，这实在是一种极难得的智慧。

［英］弗朗西斯·培根

善于识别与把握时机，是极为重要的。在一切大事情上，人在开始做事情前要像千眼神那样观察时机，而在进行时要像千手神那样抓住时机。

［英］弗朗西斯·培根

聪明人制造的机会比他找到的多。

［英］弗朗西斯·培根

如果问在人生中最重要的才能是什么？那么回答则是：第一，无所畏惧，第二，无所畏惧；第三，还是无所畏惧。

［英］弗朗西斯·培根

勇气常常是盲目的，因为它没有看见隐伏在暗中的危险与困难。因此，勇气不利于思考，但却有利于实干。

［英］弗朗西斯·培根

天将降大任于斯人也，必先苦其心志，劳其筋骨，饿其体肤，空乏其身，行拂乱其所为，所以动心忍性，增益其所不能。

［中］孟子

人恒过，然后能改。困于心，衡于虑，而后作。征于色，发于声，而后喻。入则无法家拂士，出则无敌国外患者，国恒亡。

然后知生于忧患，而死于安乐也。

〔中〕孟子

决定问题，需要智慧，贯彻执行时则需要耐心。

〔古希腊〕荷马

智慧的标志是审时度势之后再择机行事。

〔古希腊〕荷马

情感与道德

以恨还恨，恨永远存在；以爱还恨，恨自然消失。

[古印度] 释迦牟尼

与朋友交，言而有信。

[中] 孔子

人而无信，不知其可也。

[中] 孔子

君子喻于义，小人喻于利。

[中] 孔子

车无辕而不行，人无信而不立。

[中] 孔子

君子坦荡荡，小人长戚戚。

[中] 孔子

君子敬而无失，与人恭而有礼，四海之内，皆兄弟也。

[中] 孔子

巧言，令色，足恭，左丘明耻之，丘亦耻之。

[中] 孔子

没有侥幸这回事，最偶然的意外，似乎也都有必然性。

[美] 阿尔伯特·爱因斯坦

因为我对权威的轻蔑，所以命运惩罚我，使我自己竟成了权威。

[美] 阿尔伯特·爱因斯坦

我们思想的发展在某种意义上常常来源于好奇心。

[美] 阿尔伯特·爱因斯坦

要是没有能独立思考和独立判断的有创造能力的个人，社会的向上发展就不可想象。

[美] 阿尔伯特·爱因斯坦

思维世界的发展，在某种意义上说，就是对惊奇的不断发展。

[美] 阿尔伯特·爱因斯坦

想象力比知识更重要，因为知识是有限的，而想象力概括着世界上的一切，推动着进步，并且是知识进化的源泉。严肃地说，想象力是科学研究中的实在因素。

[美] 阿尔伯特·爱因斯坦

提出一个问题往往比解决一个问题更重要，因为解决问题也许仅仅是一个教学上或实验上的技能而已。而提出新的问题、新的可能性，从新的角度去看旧的问题，都需要有创造性的想象力，而且标志着科学的真正进步。

[美] 阿尔伯特·爱因斯坦

成功＝艰苦的劳动＋正确的方法＋少谈空话。

〔美〕阿尔伯特·爱因斯坦

在一个崇高目的的支持下，不停地工作，即使慢，也一定会获得成功。

〔美〕阿尔伯特·爱因斯坦

耐心和恒心总会得到报酬的。

〔美〕阿尔伯特·爱因斯坦

由百折不挠的信念所支持的人的意志，比那些似乎是无敌的物质力量具有更强大的威力。

〔美〕阿尔伯特·爱因斯坦

一个人对社会的价值，首先取决于他的感情、思想和行动对于人类利益有多大作用。

〔美〕阿尔伯特·爱因斯坦

爱是比责任感更好的老师。

〔美〕阿尔伯特·爱因斯坦

感情和愿望是人类一切努力和创造背后的动力，不管呈现在我们面前的这种势力和创造外表上多么高超。

〔美〕阿尔伯特·爱因斯坦

我总是生活在寂寞之中，这种寂寞在青年时使我感到痛苦，但在成年时却觉得其味无穷。

［美］阿尔伯特·爱因斯坦

从一个单纯的人的观点看，道德行为并不意味着仅仅严格要求放弃某些生活享受的欲望，而是对全人类更加幸福的命运的善意关怀。

［美］阿尔伯特·爱因斯坦

一切人类的价值的基础是道德。

［美］阿尔伯特·爱因斯坦

道德并不是一种僵化不变的体系。它不过是一种立场、观点。据此，生活中所出现的问题都能够而且应当给予判断。

［美］阿尔伯特·爱因斯坦

人类最重要的努力，是在我们的行为中追求道德。我们内心的安宁，甚至我们的生存，都离不开道德。只有道德的行为，才能给生命以美和尊严。

［美］阿尔伯特·爱因斯坦

智力上的成就在很大程度上依赖于性格的伟大。

［美］阿尔伯特·爱因斯坦

真正的美德不可没有实用的智慧，而实用的智慧也不可没有美德。

［古希腊］亚里士多德

严肃的人模仿高尚的人的行动，轻浮的人则模仿卑劣的人的行动。

[古希腊] 亚里士多德

德可以分为两种：一种是智慧的德，另一种是行为的德。前者是从学习中得来的，后者是从实践中得来的。

[古希腊] 亚里士多德

善性是难能可贵的，也是高尚和值得称赞的。

[古希腊] 亚里士多德

如果恶完全变成不堪忍受的，它也将自灭。

[古希腊] 亚里士多德

道德是一种在行为中造成正确选择的习惯，并且，这种选择乃是一种合理的欲望。

[古希腊] 亚里士多德

以德报德是恩惠所固有的特点。不但他人的恩惠要回报，并且自己也要开始施惠于人。

[古希腊] 亚里士多德

对上级谦恭是本分，对平辈谦让是和善，对下属谦逊是高贵，对所有的人谦虚是安全。

[古希腊] 亚里士多德

一切奉承者都是贪婪的，所有下流者都是奉承者。

[古希腊] 亚里士多德

美是一种善，其所以引起快感，正因为它是善。

[古希腊] 亚里士多德

不要因为长期埋头科学而失去对生活、对美、对诗意的感受能力。

[英] 查尔斯·罗伯特·达尔文

我希望我将具有足够的坚定性和美德，借以保持所有称号中我认为最值得羡慕的称号：一个诚实的人。

[美] 乔治·华盛顿

我们的污点虽然遮蔽于一时，但迟早要显露出来；当每个污点进入我们的心坎，便在我们的品格上留下一个深刻的痕迹，我们一生也揩抹不掉。

[美] 乔治·华盛顿

真正的友谊是一种缓慢生长的植物，必须经历并顶得住逆境的冲击，才无愧于友谊这个称号。

[美] 乔治·华盛顿

论道德情操的堕落，堕落的原因是我们倾向于羡慕有钱有势的人，而鄙视贫穷卑贱的人。

[英] 亚当·斯密

爱是宜人的，恨则是令人烦恼的。

[英] 亚当·斯密

隐藏的忧伤如熄火之炉，能使心烧成灰烬。

[英] 威廉·莎士比亚

倘若没有理智，感情就会把我们弄得筋疲力尽，正是为了制止感情的荒唐，才需要理智。

[英] 威廉·莎士比亚

有的人不爱看张开嘴的猪，有的人看见一只猫就发脾气，还有些人听见别人吹风笛就忍不住要小便。因为一个人的感情完全受喜恶情绪的支配，谁也做不了自己的主。

[英] 威廉·莎士比亚

我宁愿压服我的愤恨而听从我的更高的理性；道德的行动较之仇恨的行动可贵得多。

[英] 威廉·莎士比亚

没有德行的美貌，转眼即逝；可是在你的美貌中，有一颗美好的灵魂，所以你的美常在。

[英] 威廉·莎士比亚

如不被错误所战胜，我们的美德便值得骄傲；如果没有美德抚慰，我们的罪过便更绝望。

[英] 威廉·莎士比亚

仅仅一个人独善其身，那实在是一种浪费。上天生下我们，是要把我们当作火炬，不是照亮自己，而是普照世界，因为我们的德行倘不能推及他人，那就等于没有一样。

[英] 威廉·莎士比亚

一个人做了心安理得的事，就是得到了最大的酬报。

[英] 威廉·莎士比亚

生命短促，只有美德能将它留传至辽远的后世。

[英] 威廉·莎士比亚

慈悲不是出于勉强的感情，它是像甘露一样从天上降下尘世，它不但给幸福于受施的人，也同样给幸福于赐惠的人。

[英] 威廉·莎士比亚

我们祈祷上帝慈悲，自己就应该做一些慈悲的事。

[英] 威廉·莎士比亚

任何恶德的外表也都附有若干美德的标志。

[英] 威廉·莎士比亚

美德是勇敢的，善良从来不害怕什么。

[英] 威廉·莎士比亚

美丽是上帝赐给女人的第一件礼物，也是上帝第一件夺走的东西。

[英] 威廉·莎士比亚

贞洁配以美貌，有如糖中加蜜。

〔英〕威廉·莎士比亚

美如果有了真来做贵重的装饰，它看来就要美多少倍呀。

〔英〕威廉·莎士比亚

美丽比黄金容易招引盗贼。

〔英〕威廉·莎士比亚

一切真正的爱都建立在尊重的基础上。

〔英〕威廉·莎士比亚

爱是人类唯一美丽的装饰品。

〔英〕威廉·莎士比亚

爱一个人，像一支蜡烛从点燃到生命的尽头。

〔英〕威廉·莎士比亚

品行是一个人的内在，名誉是一个人的外貌。

〔英〕威廉·莎士比亚

知错就改，永远是不嫌迟的。

〔英〕威廉·莎士比亚

闪光的东西，并不都是金子；动听的语言，并不都是好话。

〔英〕威廉·莎士比亚

诚实人的话，往往会一时被认为虚伪；虚伪者的眼泪却容易博得众人同情。

〔英〕威廉·莎士比亚

假装一副悲哀的面孔，是每个奸诈虚伪者的拿手好戏。

〔英〕威廉·莎士比亚

没有一种遗产能像诚实那样丰富了。

〔英〕威廉·莎士比亚

许多大人物尽管嘴里说爱护人民，但心里却永远不喜欢他们。

〔英〕威廉·莎士比亚

只有拥有高尚目标的爱才是崇高的，值得赞美的。

〔英〕威廉·莎士比亚

妒妇的长舌比疯狗的牙齿更毒。

〔英〕威廉·莎士比亚

没有慈悲之心的是禽兽，是野人，是魔鬼。

〔英〕威廉·莎士比亚

讲仁恕就要以善报恶，以德报怨。

〔英〕威廉·莎士比亚

德行之力，十倍于身体之力。

〔法〕拿破仑·波拿巴

每一个人都会开列出一张长长的清单，要求他的朋友应具备哪些美德与良好品格，但很少有人愿照着自己的清单去培养自己的品德。

[美] 托马斯·阿尔瓦·爱迪生

如果人们都能以同情、慈善，以人道的行径来提出祸根，则人生的灾难便可消灭过半。

[美] 托马斯·阿尔瓦·爱迪生

虚伪和欺诈是一切罪恶之母。

[美] 托马斯·阿尔瓦·爱迪生

最有道德的人，是那些有道德却不需由外表表现出来而仍感情满足的人。

[古希腊] 柏拉图

语言的美、乐调的美，以及节奏的美，都表现好性情，所谓"好性情"并不是我们通常用来恭维愚笨人的那个意思，而是心灵真正尽善尽美。

[古希腊] 柏拉图

应当学会把心灵的美看得比形体的美更珍贵，如果遇见一个美的心灵，纵然他在形体上不甚美观，也应该对他起爱慕，凭他来孕育最适宜于使青年人得益的道理。

[古希腊] 柏拉图

先从人世间个别的美的事物开始，逐渐提升到最高境界的美，好像升梯，逐步上进，从一个美形体到两个美形体，从两个美形体到全体的美形体；从美的形体到美的行为制度，从美的行为制度到美的学问知识，最后再从美的学问知识一直到只有以美本身为对象的那种学问，彻悟美的本身。

[古希腊] 柏拉图

无论你的悲伤有多深切，也不要期望同情，因为同情本身包含了轻蔑。

[古希腊] 柏拉图

我有一种本领，可以把我对许多事物的感觉深藏内心而不露，但遇到我比平常更敏感时刻如果有人激怒了我，我就会比别人爆发得更猛烈。

[德] 路德维希·凡·贝多芬

把德行教给你们的孩子，使人幸福的是德行而非金钱。这是我的经验之谈。在患难中支持我的是道德，使我不致自杀的除了艺术之外，就是道德。

[德] 路德维希·凡·贝多芬

那些立身扬名出类拔萃的，他们所凭借的力量是德行，而这也正是我的力量。

[德] 路德维希·凡·贝多芬

没有一个善良的灵魂就没有美德可言，从每一样事物都可以发现到这样的灵魂，人们无须躲避它。

[德] 路德维希·凡·贝多芬

邪恶穿行于充满欲望的路径，引诱许多人跟着它走。美德追求一条险峻陡峭的途径，对人就较少诱惑力。如果别的地方有很多人招呼人们走一条微微倾斜的道路时，美德对他们就更没有吸引力了。

[德] 路德维希·凡·贝多芬

一个人不具备真正的虔诚——即没有对真正上帝的真正崇拜，是不可能有真正的德行的。

[古罗马] 圣·奥勒留·奥古斯丁

当一个人把欲望降至最低程度后，生活的多姿多彩也将随之变得索然无味，而生命本身也将失去其原有的光辉。

[奥] 西格蒙德·弗洛伊德

激情，这是鼓满船帆的风，风有时会把船吹翻，但没有风，帆船就不能航行。

[法] 伏尔泰

没有一点热情将一事无成。

[法] 伏尔泰

把激情分为可行的和禁止的两种，然后沉湎于前者，回避后者，这是不对的。如果人能驾驭激情，那么激情是好的，如果人屈服于激情，那么它就是坏的。

[法] 让·雅克·卢梭

良心是灵魂之声，感情是肉体之声。

[法] 让·雅克·卢梭

一个真正的良心就是神圣的宇宙，

[法] 让·雅克·卢梭

只有在庄稼人衣服下面，而不是在廷臣的绣金衣服下面，才能发现有力的身躯。装饰与德行是灵魂的力量。

[法] 让·雅克·卢梭

美德好比战场。我们要过美德的生活，要常常和自己斗争。

[法] 让·雅克·卢梭

一个女人可以用化妆品来使她一出风头，但要获得别人的喜爱，还要依赖于她的人品……真正的美，是美在她本身能显出奕奕的神采。

[法] 让·雅克·卢梭

当我们爱别人的时候，也希望别人爱我们。

[法] 让·雅克·卢梭

虚假的事错综复杂，实际只有一种形态。

[法] 让·雅克·卢梭

情感就是对自己的爱，对痛苦的忧虑，对死亡的恐惧和对幸福的向往。

〔法〕让·雅克·卢梭

倘若说，人之所以为人是因为他有理性，但他却受感情驱使。

〔法〕让·雅克·卢梭

恨和爱一样，是容易使人轻信的。

〔法〕让·雅克·卢梭

为自己的好处而说谎是欺诈；为别人的好处而说谎是蒙骗；怀有害人之心而说谎是中伤，这是最坏的谎言。

〔法〕让·雅克·卢梭

我大胆地走着正直的道路，绝不有损正义与真理而谄媚和敷衍任何人。

〔法〕让·雅克·卢梭

我们一切事业只趋向于两个目的：即为了自己生活的安乐和在众人之中受到尊重。

〔法〕让·雅克·卢梭

妄自骄傲是我们一切巨大痛苦的根源，所以对人间的苦难一加沉思，睿智的人就会变得很有节制。

〔法〕让·雅克·卢梭

同情是一切道德中最高的美德。

[英] 弗朗西斯·培根

一个人如果对待陌生人亲切而有礼貌，那他一定是一位真诚而富有同情心的好人，他的心常和别人的心联系在一起，而不是孤立的。

[英] 弗朗西斯·培根

顺境的美德是节制，逆境的美德是坚韧，这后一种是较为伟大的德行。

[英] 弗朗西斯·培根

对一个人的评价，不可视其财富出身，更不可视其学问的高下，而是要看他真实的品德。

[英] 弗朗西斯·培根

美德有如名香，经燃烧或压榨而其香愈烈，幸运最能显露恶德而厄运最能显露美德。

[英] 弗朗西斯·培根

无德之人常嫉妒他人之有德。

[英] 弗朗西斯·培根

美德好比宝石，它在朴素背景的衬托下反而更华丽。同样，一个打扮并不华贵，却端庄、严肃而有美德的人，是令人肃然起敬的。

[英] 弗朗西斯·培根

美貌的人并不都有其他方面的才能……所以许多容颜俊秀的人却一无所为，他们过于追求外形的美而放弃了内在的美。

〔英〕弗朗西斯·培根

相貌的美高于色泽的美，而秀雅合适的动作的美，又高于相貌的美，这是美的精华。

〔英〕弗朗西斯·培根

美貌倘若生于一个品德高尚的人身上，当然是很光彩的；品行不端的人在它面前，便要自惭形秽，远自遁避了。

〔英〕弗朗西斯·培根

美的至高无上的部分，无法以彩笔描出来。

〔英〕弗朗西斯·培根

美有如夏天的水果，容易腐烂且不持久。

〔英〕弗朗西斯·培根

只有美貌而缺乏修养的人是不值得赞美的。

〔英〕弗朗西斯·培根

没有爱是寂寞的，没有恨也是寂寞的。

〔英〕弗朗西斯·培根

任何本领都没有比良好的品格与态度更易受人欢迎，更易谋得高尚的职位。

〔英〕弗朗西斯·培根

狡猾是一种阴险邪恶的聪明。

[英] 弗朗西斯·培根

在我们生命的网上，不能隐匿着虚伪，否则，便在每一根纵横的线上，都永远留下腐烂的痕迹。

[英] 弗朗西斯·培根

易怒是一种卑贱的素质，受它摆布的往往是生活中的弱者。

[英] 弗朗西斯·培根

在人含怒时千万要谨记两点：第一不可恶语伤人，这不同于一般的对世情发牢骚，而会种下人与人之间的怨毒之根；第二不可因怒而轻泄隐秘，这会使人不再受到信任。总之，无论在情绪上怎样表示愤怒，但在行动上都千万不能做出无法挽回的事来。

[英] 弗朗西斯·培根

一个念念不忘旧仇的人，他的伤口将永远难以愈合，尽管那本来是可以痊愈的。

[英] 弗朗西斯·培根

当一个人自身缺乏某种美德的时候，他就一定要贬低别人的这种美德，以求实现两者的平衡。

[英] 弗朗西斯·培根

其实每一个埋头沉入自己事业的人，是没有工夫去嫉妒别人的。因为嫉妒是一种四处游荡的情绪，能享有它的只能是闲人。

所以古话说："多管闲事必定没安好心。"

[英] 弗朗西斯·培根

嫉妒心是荣誉的害虫，要想消灭嫉妒心，最好的方法是表明自己的目的是在求事功而不是名声。

[英] 弗朗西斯·培根

微末之人在初升显贵时最受嫉妒。

[英] 弗朗西斯·培根

利人的品德我认为就是善。在性格中具有这种天然倾向的人，就是"仁者"。这是人类的一切精神和品格中最伟大的一种。

[英] 弗朗西斯·培根

大度容人是君子之道。据说所罗门曾说："不报宿怨乃是人的光荣。"过去的事情毕竟过去了，是不能再挽回的。智者总是着眼于现在和未来，念念不忘旧怨只能使人枉费心力。

[英] 弗朗西斯·培根

好炫耀的人是明哲之士所轻视的，愚蠢之人所艳羡的，谄佞之徒所奉承的，同时他们也是自己所夸耀的语言的奴隶。

[英] 弗朗西斯·培根

虚心就如同天花板上的一层油漆一样，它使得那天花板不但能够发亮而且能够持久。

[英] 弗朗西斯·培根

人们要注意，不可过于擅长恭维，因为如果这样，则无论他们在别的方面是怎样能干，嫉妒他们的人一定要加以善谀的恶名，为他们的大德所累。

〔英〕弗朗西斯·培根

贫贱不能移，富贵不能淫，威武不能屈。

〔中〕孟子

仁者爱人，有礼者敬人；爱人者，人恒爱之；敬人者，人恒敬之。

〔中〕孟子

文化与修养

温故而知新，可以为师矣。

〔中〕孔子

学而时习之，不亦说乎？

〔中〕孔子

学而不思则罔，思而不学则殆。

〔中〕孔子

三人行，必有我师焉。择其善者而从之，则其不善者而改之。

〔中〕孔子

虽有佳肴，弗食不知其旨也，虽有至道，弗学不知其善也。

〔中〕孔子

智者乐水，仁者乐山。

〔中〕孔子

成事不说，遂事不谏，既往不咎。

〔中〕孔子

道听而途说，德之弃也。

〔中〕孔子

可与言而不与之言，失人；不可与言而与之言，失言。知者不失人，亦不失言。

[中] 孔子

君子寡言而行，以成其信。

[中] 孔子

艺术是比经验更具有高尚形态的知识。

[古希腊] 亚里士多德

语言的准确性，是优良风格的基础。

[古希腊] 亚里士多德

最明晰的风格是由普通语言形成的。

[古希腊] 亚里士多德

一般都认为幸福存在于闲暇。不管怎么说，我们为争取闲暇而工作，为生活在和平环境而战争。

[古希腊] 亚里士多德

把玩笑开得太过分就变成戏弄，而一点玩笑不开的人实属呆板。

[古希腊] 亚里士多德

人要是发脾气就等于在人类进步的阶梯上倒退了一步。

[英] 查尔斯·罗伯特·达尔文

搜集欲往往能将人培养成一个有系统的博物家或艺术鉴赏家。

> [英] 查尔斯·罗伯特·达尔文

读书而不能运用，则所读书等于废纸。

> [美] 乔治·华盛顿

我们最稳当的保证人是我们自己的智慧。

> [美] 乔治·华盛顿

不论用什么方法获得的名誉，如果后面没有品德来扶持，名誉终必消失。

> [美] 乔治·华盛顿

对于一个明智而懂事理的人而言，衣着的第一要义，应当永远是得体和整洁。

> [美] 乔治·华盛顿

你的财产是不多的，你应该以有高度教养的心灵、勤劳节俭的品格、文雅的举止、助人为乐的精神等引人注意的品质来弥补不足，并使你能建立起幸福的生活。

> [美] 乔治·华盛顿

自尊并不是自我夸大，唯我独尊。自信也不是只信自己，固执己见，走向刚愎自用的道路上去；也不是专信别人，没有定见，走向盲从逢迎的道路上去。

[美]乔治·华盛顿

如果你想得到艺术的享受，那你就必须是一个有艺术修养的人。

[德]卡尔·马克思

为失策找理由，这更是一大失策。

[英]威廉·莎士比亚

为一件过失辩解，往往使这过失显得格外重大，正像用布块缝一处小小的破孔，反而欲盖弥彰一样。

[英]威廉·莎士比亚

一个发怒的人，总是疏于观照自己的。

[英]威廉·莎士比亚

不良的习惯会随时阻碍你走向成名、获利和享乐的路上去。

[英]威廉·莎士比亚

没有自尊心，即近于自卑。

[英]威廉·莎士比亚

隐蔽的习性是一种阻碍和懦弱的行为。

[英]威廉·莎士比亚

习惯若不是最好的仆人，并不是把宽恕分而为二，而只会格外加强宽恕的力量。

[英] 威廉·莎士比亚

书籍是全世界的营养品。生活里没有书籍，就好像没有阳光；智慧里没有书籍，就好像鸟儿没有翅膀。

[英] 威廉·莎士比亚

书籍若不常翻阅，则等于木片。

[英] 威廉·莎士比亚

不能理解的人也不能欣赏。

[英] 威廉·莎士比亚

充实的思想不在语言的富丽。

[英] 威廉·莎士比亚

寻找口实辩护自己的罪过，但往往会因那口实而使自己的罪过更加深重。

[英] 威廉·莎士比亚

情人们的誓言，并不比堂倌的话可靠，因为二者都是惯报虚账的人。

[英] 威廉·莎士比亚

简洁向来是智慧的精髓。

[英] 威廉·莎士比亚

宁可因寡言被人谴责，不要因多言为人所嗔怪。

[英] 威廉·莎士比亚

静默是表示快乐的最好方法。

[英] 威廉·莎士比亚

一个人应养成信赖自己的习惯，即使在最危急的时候，也要相信自己的勇敢与毅力。

[法] 拿破仑·波拿巴

良好的性格贵于黄金；前者是自然的天赋，后者是命运的赐予。

[美] 托马斯·阿尔瓦·爱迪生

书籍是天才留给人类的遗产，世代相传，更是给予那些尚未出世的人的礼物。

[美] 托马斯·阿尔瓦·爱迪生

读书之于脑，犹运动之于身体。

[美] 托马斯·阿尔瓦·爱迪生

拖延时间是压制恼怒的最好方式。

[古希腊] 柏拉图

不知道自己的无知，乃是双倍的无知。

[古希腊] 柏拉图

真正的艺术家没有骄傲，他知道艺术的领域无限而闷闷不乐，他忧郁地觉得他距离目标是多么远，或许他被别人羡慕，然而他悲伤自己还没有达到杰出的天才们所到达的境地。

[德] 路德维希·凡·贝多芬

音乐，有人将它比作花朵，因为它铺满在人生的道路上，散发出不绝的芬芳，把生活装饰得更美。

[德] 路德维希·凡·贝多芬

音乐是苦恼的控诉处，同时也是苦恼的避难所。

[德] 路德维希·凡·贝多芬

谁是诗人，谁就得前进，千辛万苦地和人民在一起！假如心头只能歌唱着自己的悲哀和欢笑，那么，世界并不需要你，不如把你的琴一起摔掉。

[德] 路德维希·凡·贝多芬

音乐应从男人心中烧出火来，从女人眼中带出泪来。

[德] 路德维希·凡·贝多芬

音乐应当使人类的精神爆发出火花。

［德］路德维希·凡·贝多芬

领悟音乐的人，能从一切世俗和烦恼中超脱出来。

［德］路德维希·凡·贝多芬

自由与进步是艺术的目标，如在整个人生中一样。

［德］路德维希·凡·贝多芬

几只苍蝇咬几口，决不能羁留一匹英勇的奔马。

［德］路德维希·凡·贝多芬

我的箴言始终是：无日不动笔，如果我有时让艺术之神瞌睡，也只是为了使他醒后更兴奋。

［德］路德维希·凡·贝多芬

习惯不加以抑制，不久它就会变成你生活上的必需品了。

［古罗马］圣·奥勒留·奥古斯丁

言辞具有不可思议的力量。它们能带来最大的幸福，也能带来最深的失望，能把知识从教师传给学生；言辞能使演说者左右他的听众，并强行代替他们做出决定；言辞能激起最强烈的情绪，促使人的一切行动。

［奥］西格蒙德·弗洛伊德

合抱之木，生于毫末；九层之台，起于累土。千里之行，始于足下。

［中］老子

当我们第一遍读一本好书的时候，我们仿佛觉得找到了一个朋友，当我们再一次读这本好书的时候，仿佛又和老朋友重逢。

［法］伏尔泰

无论何时何地，辞章都应该有说服力，愁苦都应该能感动人，恼怒都应该是暴躁的，智慧都应该是平静的。

［法］伏尔泰

休息是好事，可倦怠是其兄弟。

［法］伏尔泰

最有学问和最有见识的人总是很谨慎的。

［法］让·雅克·卢梭

伟大的人是绝不会滥用他们的优点的，他们看出他们超过别人的地方，并且意识到这一点，然而绝不会因此就不谦虚，他们的过人之处愈多，他们愈认识他们的不足。

［法］让·雅克·卢梭

滥用书籍，则学问死矣。

［法］让·雅克·卢梭

不管到了哪里，我都一直留恋那令人愉快的悠闲生活，对唾手可得的富贵荣华毫无兴趣，甚至厌恶。

[法] 让·雅克·卢梭

无论你怎样地表示愤怒，都不要做出任何无法挽回的事来。

[英] 弗朗西斯·培根

人们大半是依据他的意向而思想，依据他的学问与见识而谈话，而其行为却是依据他们的习惯。

[英] 弗朗西斯·培根

读书使人成为完善的人。

[英] 弗朗西斯·培根

书籍是在时代的波涛中航行的思想之船，它小心翼翼地把珍贵的货物运送给一代又一代。

[英] 弗朗西斯·培根

有些书只需品尝，有些需要吞咽，还有少数的应该细嚼。

[英] 弗朗西斯·培根

天然的才能好像天然的植物，需要学问来修剪。

[英] 弗朗西斯·培根

内容丰富的言辞就像闪闪发光的珠子，真正的聪明睿智都是言辞简短的。

[英] 弗朗西斯·培根

如果你考虑两遍以后再说，那你说得一定比原来好一倍。

[英] 弗朗西斯·培根

我们的语言，不妨直爽，但不可粗暴、骄傲；有时也应当说几句婉转的话，但切忌虚伪、轻浮与油滑。

[英] 弗朗西斯·培根

对于年轻人，旅游是一种教育的方式。而对于老年人，旅游则构成一种经验。

[英] 弗朗西斯·培根

真正精于谈话艺术者，是善于引导话题的人。同时又是那种善于使无意义的谈话转变方向者。这种人可算作社交谈话中的指挥师。单调无聊的谈话会令人生厌，因此，善于言谈者必善幽默。

[英] 弗朗西斯·培根

谈话中善于提问，必能多受益。而所提问题，如果又恰是被问者的特长，那就比直接恭维他还有利。这不仅能使听者获得教益，也能使被请教者感到愉快。但提问应该掌握好分寸，以免使询问变成盘问，使被问者难堪。

[英] 弗朗西斯·培根

说话周到比雄辩好，措辞适当比恭维好。

[英] 弗朗西斯·培根

说话最大的罪恶，是造谣诬人。

[英] 弗朗西斯·培根

饱食、暖衣、逸居而无教，则近于禽兽。

[中] 孟子

志向与追求

你该将名誉作为你最高人格的标志。

[英] 艾萨克·牛顿

三军可夺帅也，匹夫不可夺志也。

[中] 孔子

处身而常逸者，则志不广。

[中] 孔子

性相近也，习相远也。

[中] 孔子

学而不思则罔，思而不学则殆。

[中] 孔子

知之为知之，不知为不知，是知也。

[中] 孔子

知之者不如好之者，好之者不如乐之者。

[中] 孔子

不要努力成为一个成功者，要努力成为一个有价值的人。

[美] 阿尔伯特·爱因斯坦

一个人的真正价值，首先决定于他在什么程度上和在什么意义上从自我解放出来。

[美] 阿尔伯特·爱因斯坦

我所要做的只是以我微薄之力来为真理和正义服务，即使不为人所喜欢也在所不惜。

[美] 阿尔伯特·爱因斯坦

不管时代的潮流和社会的风尚怎样，人总可以凭着自己高贵的品质，超越时代和社会，走自己正确的道路。

[美] 阿尔伯特·爱因斯坦

在天才和勤奋之间，我毫不迟疑地选择勤奋。它几乎是世界上一切成就的催生婆。

[美] 阿尔伯特·爱因斯坦

雄心壮志或单纯的责任感不会产生任何真正有价值的东西，只有对于人类和对于客观事物的热爱与献身精神，才能产生真正有价值的东西。

[美] 阿尔伯特·爱因斯坦

发展独立思考和独立判断的一般能力，应当始终放在首位，而不应当把获得专业知识放在首位。如果一个人掌握了他的学科的基础理论，并且学会了独立地思考和工作，他必定会找到他自己的道路。而且比起那种主要以获得细节知识为其培训内容的人来，他一定会更好地适应进步和变化。

[美] 阿尔伯特·爱因斯坦

信念最好能由经验和明晰的思想来支持。

[美] 阿尔伯特·爱因斯坦

对真理和知识的追求并为之奋斗，是人的最高品质之一，尽管把这种口号喊得最响的往往是那些努力最小的人。

[美] 阿尔伯特·爱因斯坦

一个天生自由和严谨的人固然有可能被消灭，但是，这样的人绝不可能被奴役，或者当作一个盲目的工具听任使唤。

[美] 阿尔伯特·爱因斯坦

在所读的书本中找出可以把自己引到深处的东西，把其他一切统统抛掉，就是抛掉使头脑负担过重和把自己诱离要点的一切。

[美] 阿尔伯特·爱因斯坦

我觉得，高等教育必须充分重视培养学生会思考和探索问题的本领，人们解决世界上的问题，靠的是大脑的思维和智慧，而不是照搬书本。

[美] 阿尔伯特·爱因斯坦

我没有什么特别才能，不过喜欢寻根刨底地追究问题罢了。

[美] 阿尔伯特·爱因斯坦

学习知识要善于思考，思考，再思考，我就是靠这个学习方法成为科学家的。

[美] 阿尔伯特·爱因斯坦

这个时代应当是知识日益代替信仰的时代；不以知识为根据

的信仰就是迷信，因此，必须加以反对。

［美］阿尔伯特·爱因斯坦

怀疑和信仰，两者都是必需的。怀疑能把昨日的信仰摧毁，替明日的信仰开路。

［美］阿尔伯特·爱因斯坦

没有想象力的灵魂，就像没有望远镜的天文台。

［美］阿尔伯特·爱因斯坦

热爱是最好的老师。

［美］阿尔伯特·爱因斯坦

科学的真理不应该在古代圣人的蒙着灰尘的书上去找，而应该在实践中和以实验为基础的理论中去找。

［意］伽利略·伽利莱

有人问：写一首好诗，是靠天才呢，还是靠艺术？我的看法是：苦学而没有丰富的天才，有天才而没有训练，都归无用；两者应该相互为用，相互结合。

［古希腊］亚里士多德

我一生的主要乐趣和唯一职责就是科学工作，对于科学工作的热心使我忘却或者赶走我日常的不适。

［英］查尔斯·罗伯特·达尔文

勤奋使愚笨者聪明，懒惰使天才者平庸。

〔英〕查尔斯·罗伯特·达尔文

我能成为一个科学家，最主要的是：对科学的热爱；思索问题的无限耐心；在观察和收集事实上的勤勉；一种创造力和丰富的常识。

〔英〕查尔斯·罗伯特·达尔文

事业好比草芽，要想让它成功，非用自励的阳光照射不可。

〔美〕乔治·华盛顿

劳动是使有如圣火光辉的良心，不断在你的胸中燃烧。

〔美〕乔治·华盛顿

自暴自弃，这是一条永远腐蚀和啃噬着心灵的毒蛇，它吸走心灵的新鲜血液，并在其中注入厌世和绝望的毒汁。

〔德〕卡尔·马克思

伟人们之所以看起来伟大，只是因为我们自己跪着，站起来吧！

〔德〕卡尔·马克思

一般认为，无知总是一种缺陷。我们已习惯于把它看成负数。

〔德〕卡尔·马克思

怀疑一切，思考一切。

〔德〕卡尔·马克思

要是不能把握时机，就要终身蹭蹬，一事无成。

[英] 威廉·莎士比亚

名声，为灵魂之宝玉。

[英] 威廉·莎士比亚

无瑕的名誉是世界最纯粹的珍珠。

[英] 威廉·莎士比亚

虚名是一个下贱的奴隶，在每一座墓碑上说着谄媚的狂话，倒是在默默无言的一抔黄土之下，往往埋葬着忠臣义士的骸骨。

[英] 威廉·莎士比亚

失去名誉的人只是一些镀金的粪土，染色的泥块。

[英] 威廉·莎士比亚

我若失去荣誉，便失去自我。

[英] 威廉·莎士比亚

太阳从最昏暗的云隙间射出，荣誉则见之于最平凡的习惯。

[英] 威廉·莎士比亚

名誉是一件无聊的骗人的东西，得到它的人未必有什么功德，失去它的人未必有什么过失。

[英] 威廉·莎士比亚

用违背天良的方法获得的名誉，无论如何比不上依理行事所获得的成就更能使你满意。

〔英〕威廉·莎士比亚

无论男女，名誉是他们灵魂中最珍贵的珠宝，谁偷窃了我的钱囊，等于他只偷窃到一些废物，一些空虚的幻想，只不过是从我手里转到他的手里，一些曾做过千万人的奴隶的东西，可是谁若偷了我的名誉去，他并不会因此而富足，但我却从此而成为赤贫了。

〔英〕威廉·莎士比亚

坦白与虚心能帮助你成就伟大的事业。

〔英〕威廉·莎士比亚

希望是苦难的唯一药方。

〔英〕威廉·莎士比亚

希望在任何时地都是一种支撑生命的安全力量。

〔英〕威廉·莎士比亚

希望是恋人的手杖，带着它前行，可以对抗绝望的思想。

〔英〕威廉·莎士比亚

一个最困苦、最微贱、最为命运所屈辱的人，只要还远抱有希望，便可无所怨惧。

〔英〕威廉·莎士比亚

不用劳动而获得的东西，只有"贫困"。

[英] 威廉·莎士比亚

今日怠于准备者，明日则更难矣。

[英] 威廉·莎士比亚

自信是走向成功之路的第一步，缺乏自信是失败的主要原因。

[英] 威廉·莎士比亚

书籍是人类知识的总结。

[英] 威廉·莎士比亚

书籍是全世界的营养品。生活里没有书籍，就好像没有阳光；智慧里没有书籍，就好像鸟儿没有翅膀。

[英] 威廉·莎士比亚

真正之才智乃刚毅之志向。

[法] 拿破仑·波拿巴

我成功，是因为志在要成功，未尝踌躇。

[法] 拿破仑·波拿巴

人多不足以依赖，要生存只有靠自己。

[法] 拿破仑·波拿巴

我只有一个忠告给你——做你自己的主人。

〔法〕拿破仑·波拿巴

真正的征服，唯一不使人遗憾的征服，就是对无知的征服。

〔法〕拿破仑·波拿巴

世界上没有任何一种具有真正价值的东西可以不经辛勤劳动而得到。

〔美〕托马斯·阿尔瓦·爱迪生

我平生从来没有做出过一次偶然的发明。我的一切发明都是经过深思熟虑和严格试验的结果。

〔美〕托马斯·阿尔瓦·爱迪生

伟大人物最明显的标志，就是他坚强的意志。

〔美〕托马斯·阿尔瓦·爱迪生

要先经过困难，然后踏入顺境，才觉得受用、舒服。

〔美〕托马斯·阿尔瓦·爱迪生

失败也是我需要的，它和成功对我一样有价值。只有在我知道一切做不好的方法以后，我才知道做好一件工作的方法是什么。

〔美〕托马斯·阿尔瓦·爱迪生

若你能举出一个彻底满足的人，我可以告诉你他就是一个失败的人。

〔美〕托马斯·阿尔瓦·爱迪生

书籍是天才留给人类的、世代相传的珍贵遗产。一本好书就是作者馈赠给人类的一份珍贵礼物。

[美] 托马斯·阿尔瓦·爱迪生

运动使人健壮，读书使人贤达。

[美] 托马斯·阿尔瓦·爱迪生

开始是工作的最重要部分。

[古希腊] 柏拉图

节制是一种秩序，一种对于快乐与欲望的控制。

[古希腊] 柏拉图

使你的父亲感到荣耀的莫过于你以最大的热诚继续你的学业，并努力奋发以期成为一个诚实而杰出的男子。

[德] 路德维希·凡·贝多芬

人啊！还是靠自己的力量吧！

[德] 路德维希·凡·贝多芬

阅读优秀的书籍，就是和过去时代中最杰出的人们——书籍的作者——进行交谈，也就是和他们传播的优秀思想进行交流。

[法] 勒内·笛卡尔

伟大的精力只是为了伟大的目的而产生。

[苏联] 斯大林

知人者智，自知者明。胜人者有力，自胜者强。知足者富，强行者有志。

[中] 老子

过分出名的名字是何等沉重的负荷呀！

[法] 伏尔泰

每一种工作都蕴藏着无穷的乐趣，只是有些人不懂得怎样去发掘它们罢了。

[法] 让·雅克·卢梭

贤人哲士是绝不追求运气的，然而他对于光荣却不能无动于衷。

[法] 让·雅克·卢梭

声誉不过是人们的喁喁细语，但它往往是腐败了的气息。

[法] 让·雅克·卢梭

没有信念，就没有真正的美德。

[法] 让·雅克·卢梭

最盲目的服从乃是奴隶们所仅存的唯一美德。

[法] 让·雅克·卢梭

一个人如果他不知道学习的重要，他永远也不会变得聪明。

[中] 毛泽东

学习的敌人是自己的满足，要认真学习一点东西，必须从不自满开始。对自己"学而不厌"，对人家"诲人不倦"，我们应取这种态度。

[中] 毛泽东

一个正在顺着生活规律挺进的青年，首先应注意自己的才能和愿望与事业相衡。

[英] 弗朗西斯·培根

荣誉就像河流，轻浮的和空虚的荣誉浮在河面上，沉重的和厚实的荣誉沉在河底里。

[英] 弗朗西斯·培根

事情到了执行的时候，迅速就是最好的保密之方。

[英] 弗朗西斯·培根

过于重视行为规则拘泥形式，往往以致在事业上坐失良机。

[英] 弗朗西斯·培根

无论何人，若是失去了耐心，就失去了灵魂。

[英] 弗朗西斯·培根

跛足而不迷路，能赶过虽健步如飞但误入歧途的人。

[英] 弗朗西斯·培根

人的行为准则是：维护自己的尊严，不妨碍他人的自由。

[英] 弗朗西斯·培根

一个人的自尊自重是克服万恶的首要条件，而且它的重要性仅次于宗教。

〔英〕弗朗西斯·培根

人必须学习以变化气质，正如同树木须经修剪始能成形。

〔英〕弗朗西斯·培根

史鉴使人明智，诗歌使人巧慧，数学使人精细，博物之学使人深沉，伦理之学使人庄重，逻辑与修辞使人善辩。

〔英〕弗朗西斯·培根

当你处世行事时，求知可以促成才干。有实际经验的人虽能够办理个别性的事务，但若要纵观全局，却唯有掌握知识方能办到。

〔英〕弗朗西斯·培根

人有多少知识，就有多少力量，他的知识和他的力量是相等的。

〔英〕弗朗西斯·培根

有些书只需浅尝，有些书可以狼吞虎咽，有些书要细嚼慢咽，慢慢消化。

〔英〕弗朗西斯·培根

知识是一种快乐，而好奇则是知识的萌芽。

〔英〕弗朗西斯·培根

有不虞之誉，有求全之毁。

［中］孟子

今有璞玉于此，虽万镒，必使玉人雕琢之。

［中］孟子

尽信书，则不如无书，吾于武成，取二三策而已矣。

［中］孟子

奋斗在人，成功在天。

［古希腊］荷马

为人与处世

谦虚对于优点犹如图画中的阴影，会使之更加有力，更加突出。

［英］艾萨克·牛顿

己所不欲，勿施于人。

［中］孔子

其身正，不令而行；其身不正，虽令不从。

［中］孔子

非礼勿视，非礼勿听；非礼勿言，非礼勿动。

［中］孔子

见贤思齐焉，见不贤而内自省也。

［中］孔子

始吾于人也，听其言而信其行；今吾于人也，听其言而观其行。

君子不重则不威，学则不固；主忠信，无友不如己者，过则勿惮改。

［中］孔子

恭、宽、信、敏、惠。恭而不悔，宽则得众，信则人任焉，敏则有功，惠则足以使人。

［中］孔子

敏而好学，不耻下问。

[中] 孔子

居处恭，执事敬，与人忠。虽之夷狄，不可弃也。

[中] 孔子

君子之过也，如日月之食焉。过也，人皆见之；更也，人皆仰之。

[中] 孔子

富与贵，是人之所欲也，不以其道得之，不处也。贫与贱，是人之所恶也，不以其道得之，不去也。君子去仁，恶乎成名？君子无终食之间违仁，造次必于是，颠沛必于是。

[中] 孔子

居上不宽，为礼不敬，临丧不哀，吾何以观之哉！

[中] 孔子

不能正其身，如正人何？

[中] 孔子

君子成人之美，不成人之恶。小人反是。

[中] 孔子

礼尚往来。往而不来，非礼也；来而不往，亦非礼也。

[中] 孔子

道不同，不相为谋。

　　　　　　　　　　　　　　　　　　[中] 孔子

人居，如入鲍鱼之肆，久而不闻其臭，亦与之化矣。

　　　　　　　　　　　　　　　　　　[中] 孔子

世间最美好的东西，莫过于有几个头脑和心地都很正直的朋友。

　　　　　　　　　　　　[美] 阿尔伯特·爱因斯坦

谈到名声、荣誉、快乐、财富这些东西，如果同友情相比，它们都是尘土。

　　　　　　　　　[英] 查尔斯·罗伯特·达尔文

自己不能胜任的事，切勿轻易答应别人；既经允诺，就必须实践自己的诺言。

　　　　　　　　　　　　　　[美] 乔治·华盛顿

人苟诚心竭力，则无不能为之事。

　　　　　　　　　　　　　　[美] 乔治·华盛顿

你希望别人怎样对待自己，你就应该怎样对待别人。

　　　　　　　　　　　　　　[德] 卡尔·马克思

人的生活离不开友谊，但要得到真正的友谊是不容易的。友谊需要忠诚去播种，用热情去灌溉，用原则去培养，用谅解去护理。

［德］卡尔·马克思

真诚的、十分理智的友谊是人生的无价之宝。你能否对你的朋友守信不渝，永远做一个无愧于他的人。这就是你的灵魂、性格、心理以至于道德的最后考验。

［德］卡尔·马克思

为人设想多，为己设想少，抑制私欲，实施恩爱之念，即构成人性之完美。

［英］亚当·斯密

对众人一视同仁，对少数人推心置腹，对任何人不亏负；要有能力抗衡你的敌人，但不要炫耀你的能力；对朋友应该开诚相与。

［英］威廉·莎士比亚

信任少数人，不害任何人，爱所有的人。

［英］威廉·莎士比亚

多听，少说，接受每一个人的责难，但要保留你的最后裁决。

［英］威廉·莎士比亚

有很多良友，胜于有很多财富。

［英］威廉·莎士比亚

恶人的友谊一下子就会变成恐惧，恐惧会引起彼此憎恨，憎恨的结果，总有一方或双方得到咎有应得的死亡或祸根。

[英] 威廉·莎士比亚

朋友之间用到不自然的礼貌时，就可以知道他们的感情已经开始低落了。

[英] 威廉·莎士比亚

贪图钱财、追求享受的人，不会有三个好朋友。

[英] 威廉·莎士比亚

以赠品收买朋友，则他也可能被他人收买。

[英] 威廉·莎士比亚

酒桌上得来的朋友，等到酒尽杯空，转眼便成了路人；一片冬天的乌云刚刚出现，这些飞虫就不知去向了。

[英] 威廉·莎士比亚

有些人对你恭维不离口，可全都不是患难朋友。

[英] 威廉·莎士比亚

大多数的朋友都在钱袋里。

[英] 威廉·莎士比亚

欣喜获得新交的朋友，是比哀悼已故的亲人更为有益的。

[英] 威廉·莎士比亚

交友不在多，得一人可胜百人；交友不论久，得一日可逾千古。

[英] 威廉·莎士比亚

无信之友，较之敌人尤为可恶。

[英] 威廉·莎士比亚

有良友相伴，路遥不觉其远。

[英] 威廉·莎士比亚

扶起弱者还不够，以后必须还要支撑他。

[英] 威廉·莎士比亚

良心使我们大家变成了懦夫。

[英] 威廉·莎士比亚

哪一件卑鄙邪恶的罪行，在法律上不用最动听的言辞掩饰它的真面目？哪一桩罪过深重的错误，在宗教下不引经据典，证明它合乎上帝的意旨？

[英] 威廉·莎士比亚

一支小小的蜡烛，它的光照耀得多么远！一件善事也正像一支蜡烛，在这罪恶的世界上大放光辉。

[英] 威廉·莎士比亚

微小的罪过可因衣衫褴褛而被暴露出来，如果穿的是锦袍轻裘，那便可以掩盖一切。公正的、坚实的刺刀不能戳破镀金的罪恶。

〔英〕威廉·莎士比亚

不要想到什么就说什么，凡事必须三思而后行。

〔英〕威廉·莎士比亚

人们往往用至诚的外表和虔诚的行为，掩饰一颗魔鬼般的内心。

〔英〕威廉·莎士比亚

你的恫吓毫不可怕，因为我的诚实将我防卫得很坚强。

〔英〕威廉·莎士比亚

严厉最多使人畏惧，骄傲则会使人怀恨。

〔英〕威廉·莎士比亚

要一个骄傲的人看清他自己的嘴脸，只有用别人的骄傲给他做镜子；倘若向他卑躬屈膝，不过添长了他的气焰，徒然自取其辱。

〔英〕威廉·莎士比亚

谦虚是最高贵的克己功夫。

〔英〕威廉·莎士比亚

制服两条咬人的恶犬，最好的办法是请它们彼此相争，骄傲便是挑拨它们搏斗的一根肉骨。

〔英〕威廉·莎士比亚

一个骄傲的人，结果总是在骄傲里毁灭了自己。

〔英〕威廉·莎士比亚

多说话的人不是长于做事的人。

〔英〕威廉·莎士比亚

最困难的技术，并不在于选择人，而是对所选择的人拥有的东西赋予各种价值。

〔法〕拿破仑·波拿巴

谦虚不仅是一种装饰品，也是美德的护卫。

〔美〕托马斯·阿尔瓦·爱迪生

舍善而趋恶不是人类的本性。

〔古希腊〕柏拉图

真正的友谊，只能植根于相近性情的结合。

〔德〕路德维希·凡·贝多芬

即使是最神圣的友谊里也可能潜藏着秘密，但是你不可以因为你不能猜测出朋友的秘密而误解了他。

〔德〕路德维希·凡·贝多芬

我从来没有向人报仇的举动，当我迫不得已而要和别人为敌时，我所做的最多不过是一些保护自己或防备他们进一步为恶的必要措施。

[德] 路德维希·凡·贝多芬

除了善良性之外，我并不承认优越性的证据。

[德] 路德维希·凡·贝多芬

我宁可忘掉别人亏欠自己的，而不愿意忘掉自己亏欠别人的。

[德] 路德维希·凡·贝多芬

是以圣人抱一，为天下式。不自见，故明；不自是，故彰；不自伐，故有功；不自矜，故长。

[中] 老子

友情的真正价值在人们所感到的友谊之中比在人们所唤起的友谊之中体现得更多。

[法] 让·雅克·卢梭

我们永远不会知道，我们是在和什么人打交道，甚至要认识自己的朋友也要等待重大的关头，也就是说，要等待不可能再有更多时间的关头，因为唯有到了这种关头，认识朋友才会成为最重要的事。

[法] 让·雅克·卢梭

在一个正直和富于情感的心中，一个忠实的朋友的声音将压倒二十个引诱者的叫嚣。

〔法〕让·雅克·卢梭

我要把善恶都直率、坦白地讲出来，既不隐瞒什么不好的东西，也不附加什么好的东西。

〔法〕让·雅克·卢梭

感谢固然是必须付出的义务，但却是人人都无权期待的义务。

〔法〕让·雅克·卢梭

怀着善意的人是不难于表达他对人的礼貌的。

〔法〕让·雅克·卢梭

任何一个人都要人支持，一个好汉也要有三个帮，一个篱笆也要三个桩。

〔中〕毛泽东

老木材最好烧，老酒最好喝，老作家的著作最值得读，老朋友最可靠。

〔英〕弗朗西斯·培根

一个人能顺从别人当然很好，但必须表明这是出于对他的尊重，而非唯命是从。

〔英〕弗朗西斯·培根

复仇可使人击退死亡；忧伤恐惧则使人奔向死亡。

[英] 弗朗西斯·培根

友谊使欢乐倍增，使痛苦减半。

[英] 弗朗西斯·培根

真挚的友谊犹如健康，不到失却时，无法体味其珍贵。

[英] 弗朗西斯·培根

除了一个真心的朋友之外，没有一样药剂是可以通心的。对一个真心的朋友，你可以传达你的忧愁、欢悦、恐惧、希望、疑忌、谏诤，以及任何压在你心上的事情，有如一种教学以外的忏悔一样。

[英] 弗朗西斯·培根

一个人从另一个的诤言中所得来的光明比从他自己的理解力、判断力中所得出的光明更干净纯粹……

[英] 弗朗西斯·培根

最能保人心神之健康的预防药就是朋友的忠言和规谏。

[英] 弗朗西斯·培根

疑心病是友谊的毒药。

[英] 弗朗西斯·培根

能使事业趋于正轨者还数忠言。

　　　　　　　　　　［英］弗朗西斯·培根

友谊的主要效用之一，就是使人心的愤怒和抑屈之气得以宣泄释放。

　　　　　　　　　　［英］弗朗西斯·培根

临时结交的人，不能算是朋友。

　　　　　　　　　　［英］弗朗西斯·培根

严厉生畏，但是粗暴生恨，即使在公事上的谴责，也应当庄重而不应当侮辱嘲弄。

　　　　　　　　　　［英］弗朗西斯·培根

恭维过分等于出卖自己的人格。

　　　　　　　　　　［英］弗朗西斯·培根

凡过于把幸运之事归功于自己的聪明和智谋之人，结局多半是很不幸的。

　　　　　　　　　　［英］弗朗西斯·培根

你愈是少说你的伟大，我将愈想到你的伟大。

　　　　　　　　　　［英］弗朗西斯·培根

和蔼可亲的态度，是最好的介绍信。

　　　　　　　　　　［英］弗朗西斯·培根

通常在赞同别人的话的时候，却要附加一点自己的话。例如，你赞成他的主张，可是要稍有分别；你愿意附议他的动议，可是要带点条件；你赞成他的议论，可是你自己还要加上点别的理由。

［英］弗朗西斯·培根

得不到友谊的人将是终身可怜的孤独者。没有友情的社会则是一片繁华的沙漠。

［英］弗朗西斯·培根

友谊不但能使人走出暴风骤雨的感情世界而进入和风细雨的春天，而且能使人摆脱黑暗混乱的胡思乱想而走入光明理性的思考。

［英］弗朗西斯·培根

只要你想想一个人一生中有多少事务是不能靠自己去做的，就可以知道友谊有多少种益处了。

［英］弗朗西斯·培根

没有真挚朋友的人，是真正孤独的人。

［英］弗朗西斯·培根

一个人向朋友宣泄私情这件事能产生两种相反的结果，它既能使欢乐倍增，又能使忧愁减半。

［英］弗朗西斯·培根

故士穷不失义，达不离道。穷不失义，故士得己焉；达不离道，故民不失望焉。古之人，得志，泽加于民；不得志，修身见于世。穷则独善其身，达则兼善天下。

〔中〕孟子

独学而无友，则孤陋而寡闻。

〔中〕孟子

爱情与婚姻

爱情是相互了解的别名。男女双方只有相互了解对方的思想、习惯、性格、情操，才能建立真正的爱情。

[美] 阿尔伯特·爱因斯坦

真正的爱情是表现在恋人对他的偶像采取含蓄、谦恭甚至羞涩的态度，而绝不是表现在随意流露热情、过早的亲昵。

[德] 卡尔·马克思

爱情，不是对费尔巴哈的"人"的爱，不是对摩莱肖特的"物质的交换"的爱，不是对无产阶级的爱，而是对亲爱的即对你的爱，使一个人成为真正意义上的人。

[德] 卡尔·马克思

如果你的爱作为爱没有引起对方的爱，如果你作为恋爱者通过你的生命表现没有使你成为被爱的人，那么你的爱就是无力的，就是不幸。

[德] 卡尔·马克思

由追求而获得的爱情是好的，但给予而不需要追求的爱情更好。

[英] 威廉·莎士比亚

高尚的女子注重男子的心地更甚于他的外貌。

[英] 威廉·莎士比亚

爱是一颗星，一切迷途的船只，虽然不懂得天文，却靠它引导。

[英] 威廉·莎士比亚

我的慷慨像海一样浩渺，我的爱情也像海一样深沉；我给你的越多，我自己也越富有，因为这两者都是无穷无尽的。

[英] 威廉·莎士比亚

爱情不是树荫下的甜言，不是桃花源中的蜜语，不是轻绵的眼泪，更不是死硬的强迫。爱情建立在共同的基础上。

[英] 威廉·莎士比亚

爱侣们永远看不见他们自己所做的傻事，因为爱情是盲目的。

[英] 威廉·莎士比亚

因为她生得美丽，所以被男人追求；因为她是女人，所以被男人俘获。

[英] 威廉·莎士比亚

爱情是一种甜蜜的痛苦。

[英] 威廉·莎士比亚

既然爱情必须永远受折磨似乎是命运的一条定律，那么让我们学习忍耐吧，因为折磨正合意念、迷梦、叹息、希望和哭泣一样，都是可怜的爱情缺少不了的随从者。

［英］威廉·莎士比亚

爱情！你深入一切事物的中心，你会把不存在的事实变成可能，你能和梦境互相沟通，你能和伪妄合作，和空虚联络。

［英］威廉·莎士比亚

我真不明白，人们明明知道沉迷在爱情中是一件愚蠢的事，但在讥笑他人的荒唐无聊之后，自己却也会做自己揶揄的对象，照样跟人家闹起恋爱来。

［英］威廉·莎士比亚

恋爱的人去赴情人的约会时，正像一个放学归来的儿童一样欢欣，但当他和情人分别是，却又像上学去时那样满脸懊丧了。

［英］威廉·莎士比亚

在恋爱中的人，他可踏在随风飘荡的蜘蛛网上而不会跌下，幻想的幸福使他飘然轻举。

［英］威廉·莎士比亚

我从恋爱中归纳出一句箴言：既得之后是命令，未得之前是请求。

［英］威廉·莎士比亚

　　情人和疯子们都富于纷乱的思想和成形的幻觉，他们所理会的不是冷静的理智所能了解的。

［英］威廉·莎士比亚

　　在爱情没有完成它的一切仪式之前，时间总是走得像一个扶杖的跛子一样慢。

［英］威廉·莎士比亚

　　要是爱情虐待了你，你也可以虐待爱情；它刺痛了你，你也可以刺痛它；这样你就可以挑战爱情。

［英］威廉·莎士比亚

　　爱情进入人的心里，是打骂不出去的；它既然到了你的身上，就要占有你的一切。

［英］威廉·莎士比亚

　　爱人们都必须用自己的唇舌达意，用自己的眼睛传情，千万不要请别人代劳；因为美人儿等于是一个女巫，在她的魔力之下，忠诚是会熔化成虚伪与罪过的。

［英］威廉·莎士比亚

　　爱情如数学上的三角或多边形，那是危险的信号，女孩子自身可以造成她们其中一个获得幸福，同时也会使另一个受到创伤。

［英］威廉·莎士比亚

最芬芳的花蕾中有蛀虫，最聪明的心里也同样会埋伏着蛀蚀心灵的爱情。

〔英〕威廉·莎士比亚

婚姻是青春的结束，人生的开始。

〔英〕威廉·莎士比亚

妻子奢侈丈夫便不能荣贵。

〔英〕威廉·莎士比亚

一个好妻子，除了处理家务外，她必须兼有慈母、良伴、恋人三种品质。

〔英〕威廉·莎士比亚

一个善良的男人娶了一个淫荡的妻子，是一件令人伤心的事；同样，一个恶徒的老婆不偷人，也是令人遗憾的事。

〔英〕威廉·莎士比亚

轻浮的妻子是会使丈夫的心头沉重的。

〔英〕威廉·莎士比亚

草率的婚姻少美满。

〔英〕威廉·莎士比亚

太阳当空照耀，是为了显示一个好妻子在家操作时的贤惠姿容。

〔英〕威廉·莎士比亚

聪明的父亲了解自己的孩子。

〔英〕威廉·莎士比亚

爱情是生命的火花，友谊的升华，心灵的吻合。如果说人类的感情能区分等级，那么爱情该是属于最高的一级。

〔英〕威廉·莎士比亚

爱情的成功使人心情舒畅，使人的意识摆脱生活中的痛苦、愁闷、惆怅和孤寂。

〔英〕威廉·莎士比亚

当爱情的波涛被推翻以后，我们应当友好地分手，说一声"再见"！

〔英〕威廉·莎士比亚

地球上最高贵的东西是完美的女人。

〔英〕威廉·莎士比亚

女人，记住，人最值得骄矜的是你们女性的柔顺，而不是男性的刚暴；千万不要从你的宝座上跌下来，降低到男人的水平上。

〔英〕威廉·莎士比亚

女人在最幸福的环境里，也往往抵抗不了外界的诱惑；一旦到了贫困无告的时候，一尘不染的贞女也会失足堕落。

〔英〕威廉·莎士比亚

女人在被追求的时候是个天使；无论什么事情，只有正在进行的时候兴趣最为浓厚。一个被人爱恋的女人，要是不知道男人重视未获得的事物甚于既得的事物，她就等于一无所知；一个女人要是以为恋爱在达到目的以后，还是像热情未获得满足以前一样的甜蜜，那么她一定从来不曾有恋爱的经验。

〔英〕威廉·莎士比亚

在一切人类关系之中，还有什么比妻子对于丈夫更亲近的？

〔英〕威廉·莎士比亚

能从自己孩子身上得到幸福的人才真正幸福。

〔英〕威廉·莎士比亚

不能使你发奋的爱，不如不爱。

〔法〕拿破仑·波拿巴

孩子的命运是母亲创造的。

〔法〕拿破仑·波拿巴

美妇娱目，供半世之玩好；良妇娱心，作终身之伴侣。

[法] 拿破仑·波拿巴

当爱神拍你的肩膀时，就连平日不知诗歌为何物的人也会在突然之间变成一个诗人。

[古希腊] 柏拉图

爱人至少要在心灵方面没有缺欠；如果只是身体的欠缺，那还不失其为可爱。

[古希腊] 柏拉图

不但要用眼睛，也要用耳朵去选择爱人。

[古希腊] 柏拉图

爱的对象应该是品格端正的人，以及稍有缺陷而肯努力上进的人，这才是应该保持的爱情。

[古希腊] 柏拉图

爱情是上帝和造物主，它造就人类的创造精神，爱情作为一种内在驱力，不仅以性或其他形式的爱推动一个人与另一个人的结合，还激发人对知识的渴求，推动他追求真理，与真理结合。

[古希腊] 柏拉图

为着品德而去眷恋一个情人，总是一种很美的事。

[古希腊] 柏拉图

就天赋来说，夫唱妇随是符合自然的，雌强雄弱只是偶尔见到的反常事例。

［古希腊］柏拉图

我不知道有什么比教养孩子成人更为神圣的职责了。

［德］路德维希·凡·贝多芬

没有嫉妒便没有真爱。

［古罗马］圣·奥勒留·奥古斯丁

两性之间排山倒海似的互相吸引的力量，其目的则在于性之结合或至少也在于能导向性结合的行为。

［奥］西格蒙德·弗洛伊德

人与人之间融为一体的渴求，是人类最强有力的奋斗的动力。它是最基本的激情，它是一种保存人类种族、家庭、社会的力量。不能实现它意味着愚蠢或毁灭——自我的毁灭或他人的毁灭。没有爱，人类便不能存在。

［奥］西格蒙德·弗洛伊德

我们从未像在恋爱中那样易受伤害；也从未像失去恋爱对象或她的爱那样变得难以治愈的伤感。

［奥］西格蒙德·弗洛伊德

对于亚当而言，天堂是他的家；然而对于亚当的后裔而言，家是他们的天堂。

[法] 伏尔泰

结婚是为胆小的人准备的唯一冒险。

[法] 伏尔泰

真诚的爱情的结合是一切结合中最纯洁的。

[法] 让·雅克·卢梭

如果说爱情使人忧心不安的话，则尊重是令人信任的。一个诚实的人是不会单单爱而不敬的，因为，我们之所以爱一个人，是由于我们认为那个人具有我们所尊重的品质。

[法] 让·雅克·卢梭

在我们所有的感情中，最令人迷惑于神魂颠倒的，就是爱情与嫉妒。

[法] 让·雅克·卢梭

爱情是"吞噬一切的火焰，它使其余的感情燃烧起熊熊大火，给它们注入新的力量，所以人们才说，爱情创造了英雄。"

[法] 让·雅克·卢梭

家庭生活的乐趣是抵抗坏风气毒害的良药。

[法] 让·雅克·卢梭

在达到理智的年龄以前，孩子不能接受观念，而只能接受形象。

[法] 让·雅克·卢梭

不要在教天真无邪的孩子分辨善恶的时候，自己就充当了引诱的魔鬼。

[法] 让·雅克·卢梭

我的意思并不是说在婚姻问题上可以不考虑社会关系，我的意思是说自然关系的影响比社会关系的影响要大得多，它甚至可以决定我们一生的命运。而且在爱好、脾气、感情和性格方面是如此严格地要求双方相配……这样一对彼此相匹配的夫妇是经得起一切可能发生的灾难的袭击的，当他们一块儿过着贫困的日子的时候，他们比一对占有全世界的财产的离心离德的夫妻还幸福得多。

[法] 让·雅克·卢梭

每个人的一生中，幸运女神都来敲过门，可是很多人却在邻室里听不见她。

[法] 让·雅克·卢梭

我们之所以爱一个人，只由于我们认为那个人具有我们所爱的品质。

[法] 让·雅克·卢梭

　　一个人的婚姻可以决定一个人一生的命运，所以必须用充分的时间去考虑它。

[法] 让·雅克·卢梭

　　婚姻的结合要求夫妇双方都要忠实，忠实是一切权利中最神圣的权利。

[法] 让·雅克·卢梭

　　爱情是所有人类感情中最脆弱的一环。

[英] 弗朗西斯·培根

　　因结婚而产生的爱，造出儿女；因友情而生的爱，造就一个人。

[英] 弗朗西斯·培根

　　懂得恋爱的人，往往会因为爱情的升华作用而坚定他们向上的意志和进取的勇气。

[英] 弗朗西斯·培根

　　爱情不仅会占领开阔的胸怀，有时也能攻入壁垒森严的心灵。

[英] 弗朗西斯·培根

　　一切真正伟大的人物（无论是古人、今人，只要是其英名永铭于人类记忆中的），没有一个是因为爱情而发狂的人，因为伟大的事业抑制了这种软弱的感情。

[英] 弗朗西斯·培根

舞台上的爱情比生活中的爱情要美好得多。因为在舞台上，爱情只是喜剧和悲剧的素材。而在人生中，爱情却常常不幸。

[英] 弗朗西斯·培根

过度的爱情追求，必然会降低人本身的价值。

[英] 弗朗西斯·培根

男人结婚第二天就会发觉自己已苍老了七年。

[英] 弗朗西斯·培根

妻子是青年人的爱人；中年人的伴侣；老年人的保姆。

[英] 弗朗西斯·培根

过于装饰固然不宜，完全不装饰也会影响生活情趣；做一个能获得丈夫欢心的妻子，她是知道应该怎样装饰一下的。

[英] 弗朗西斯·培根

阴阳和而后雨泽降，夫妇和而后家道昌。

[英] 弗朗西斯·培根

爱情一旦干扰情绪，就会阻碍人坚定地奔向既定的目标。

[英] 弗朗西斯·培根

　　成了家的人，可以说对命运之神付出了抵押品。因为家庭难免拖累事业，使人的许多抱负难以实现。

〔英〕 弗朗西斯·培根

　　美满的婚姻是难得一遇的。

〔英〕 弗朗西斯·培根

财富与名利

假使你要获得知识，你该下苦功；你要得到食物，你该下苦功；你要得到快乐，你该下苦功，因为辛苦是获得一切的定律。

[英] 艾萨克·牛顿

没有大胆的猜测就做不出伟大的发现。

[英] 艾萨克·牛顿

天才，就是别人认为毫无价值的不毛之地，你却能掘出黄金和甘泉来！

[意] 克里斯托弗·哥伦布

不义之财必招祸患。

[古希腊] 亚里士多德

历史认为那些专为公共谋福利，从而自己也高尚起来的人物是伟大的。

[德] 卡尔·马克思

一国的财富不是金银，而是消费商品的积聚。

[英] 亚当·斯密

金子！发光的金子！宝贵的金子！黄黄的，只这么一点儿。可使黑的变成白的，丑的变成美的，错的变成对的，卑贱变成尊贵，老人变成少年，懦夫变成勇士。这黄色的奴隶可以使异教联盟，同宗分裂；它能使受诅咒的人得福，使害着灰白色癫病的人为众人所敬爱；它可使窃贼得到高爵显位，和元老们分庭抗礼。

[英] 威廉·莎士比亚

不负债的穷人，优于王公。

[英] 威廉·莎士比亚

黄金对于人的灵魂较诸任何毒药更毒，而且在这个邪恶的世界上杀人更多。

[英] 威廉·莎士比亚

愚人的手里有钱，是大害也。

[英] 威廉·莎士比亚

虽然权势是一头固执的熊，可是金子可以拉着它的鼻子走。

[英] 威廉·莎士比亚

贪财乃万恶之源，名誉的墓场。

[英] 威廉·莎士比亚

有两个杠杆可以推动人们前进：一个是恐惧，一个是个人利益。

[法] 拿破仑·波拿巴

天才就像陨石一样注定了要燃烧自己来照亮他的时代。

[法] 拿破仑·波拿巴

有些人以为我之所以在许多事情上有成就，因为我有什么"天才"。这是不正确的。无论哪个头脑清楚的人，都能像我一样有成就，如果他肯拼命钻研的话。

[美] 托马斯·阿尔瓦·爱迪生

我们手里的金钱是保持自由的一种工具，我们所追求的金钱，则是使自己当奴隶的一种工具。

[法] 让·雅克·卢梭

节制和劳动是人类的两个真正的医生。

[法] 让·雅克·卢梭

财产权是一切公民权当中最神圣的权利，并且是在某些方面比自由本身更重要的东西。

[法] 让·雅克·卢梭

财富是文明社会的真正基础，公民事业真正的保证。

[法] 让·雅克·卢梭

爱惜才华吧，保护那些才华修美的人物吧！文明的民族啊，培养他们吧！

[法] 让·雅克·卢梭

节俭是美德,唯需与宽厚结合。

〔英〕弗朗西斯·培根

没有一种获利能及得上从我们的所有中节省下来的那样确切可靠。

〔英〕弗朗西斯·培根

金钱像肥田料,如不散布是没有多大用处的。

〔英〕弗朗西斯·培根

金钱是品德的行李,是走向美德的一大障碍;因财富之于品德,正如军队与辎重一样,没有它不行,有了它又妨碍前进,有时甚至因为照顾它反而丧失了胜利。

〔英〕弗朗西斯·培根

对小钱不要过分去计较。金钱是生着羽翼的东西,有时它会自行飞去,有时必须将它放出去,才能带更多回来。

〔英〕弗朗西斯·培根

负债使自由人沦为奴隶。

〔英〕弗朗西斯·培根

在富人的想象里,财富是一座坚强的堡垒。

〔英〕弗朗西斯·培根

金钱是好的仆人，却是不好的主人。

[英] 弗朗西斯·培根

致富之术很多，而其中大多数是卑污的。

[英] 弗朗西斯·培根

不要相信那些表面上蔑视财富的人；他们蔑视财富的原因是因为他们对财富绝望；若是他们有了财富的时候，再也没有比这般人更爱财的了。

[英] 弗朗西斯·培根

不要追求炫耀的财富，仅寻求你可以用正当手段得来，庄重地使用，愉快地施予，安然地遗留的那种财富。

[英] 弗朗西斯·培根

只靠固定收入的人难以致富，而轻率地拿全部财产从事投机生意的人，往往要冒倾家荡产的危险。较好的途径是，既保持一种稳定的收入方式，又大胆从事冒险的试验。这样即使遇到失败，也留下了退路。

[英] 弗朗西斯·培根

我们不应该像蚂蚁，单只收集；也不可像蜘蛛，只从自己肚中抽丝；而应像蜜蜂，既采集，又整理，这样才能酿出香甜的蜂蜜来。

[英] 弗朗西斯·培根

　　我写书的目的不是为了消磨空闲时间和供人们娱乐消遣。我所关心的是人类生活中的各种问题和困难。这是我愿意借助正确和健全的理智思考来加以改进的。

［英］弗朗西斯·培根

政治与法律

政者，正也。子帅以正，孰敢不正？

君子之道四焉：其行己也恭，其事上也敬，其养民也惠，其使民也义。

[中] 孔子

君子惠而不费，劳而不怨，欲而不贪，泰而不骄，威而不猛。

[中] 孔子

在哲学的意义上，我根本不相信人类的自由。人们所做的事情，不仅是由于外界的强制，而且与内在的需要一致。

[美] 阿尔伯特·爱因斯坦

公民的自由就是可以用语言和文字来表达个人政治信念的自由，宽容就是尊重他人的任何信仰。

[美] 阿尔伯特·爱因斯坦

在健康的民族中，人民和政府之间保持一种戏剧性的平衡，以防止政府堕落成专制的政府。

[美] 阿尔伯特·爱因斯坦

政府的民主形式本身并不能自动地解决问题，但它为那些问题的解决提供了有用的框架。一切最后都取决于公民的政治品质和道德品质。

[美] 阿尔伯特·爱因斯坦

只有当每个公民都认识到他有义务为保卫宪法做出自己的贡献时，宪法上的权利才有保障。因此，保卫宪法，人人有责，谁也不应当逃避这种义务，哪怕他自己和家庭都可能遭到危险和威胁。

［美］阿尔伯特·爱因斯坦

今天当我们讲到人权时，我们实质上是指：保护个人反对别人或政府对他的任意侵犯；要求工作并要求从工作中取得适当报酬的权利；讨论和教学的自由；个人适当参与组织政府的权利。尽管这些权利现今在理论上已得到了承认，但事实上，它们比过去任何时候都受到更大的摧残。

［美］阿尔伯特·爱因斯坦

我认为每个公民都有责任尽其所能来表明他的政治观点。如果有才智和有能力的公民忽视这种责任，那么健康的民主政治就不可能成功。

［美］阿尔伯特·爱因斯坦

历史上充满了争取人权的斗争，这是无休止的斗争，最后胜利老是在躲开我们。但是要厌倦这种斗争，就意味着将导致社会的毁灭。

［美］阿尔伯特·爱因斯坦

教学自由，以及书报上的言论自由，是任何民族的健全和自然发展的基础。……为了维护和加强这些自由献出每一分力量，并且运用一切可能的影响，使舆论意识到现存的危险，这是每一个人应负的责任。

［美］阿尔伯特·爱因斯坦

只有不断地、自觉地争取外在的自由和内心的自由，精神上才有可能发展和完善，由此，人类的物质生活和精神生活才有可能得到改善。

[美] 阿尔伯特·爱因斯坦

真理就是具备这样的力量，你越是想要攻击它，你的攻击就越是充实和证明了它。

[意] 伽利略·伽利莱

常人不能完全消除兽欲，即使是优秀的人们也未免有热忱，这就往往在执政的时候引起偏向，法律恰正是免除一切情欲影响的理性的体现。

[古希腊] 亚里士多德

每个人都应该对其他人负责，而不应当允许任何人只按照自己好恶去行事。如果有的地方允许绝对的自由，那么这些地方便没有任何东西能压制每个人身上与生俱来的邪恶。

[古希腊] 亚里士多德

法律即秩序，好的法律便是良好的秩序。

[古希腊] 亚里士多德

我们发现不守法的人是不公正，而守法的人是公正。因此凡是遵守法律的都是公正。

[古希腊] 亚里士多德

如果说我有什么功绩的话，那不是我有才能的结果，而是勤奋和毅力的结果。

［英］查尔斯·罗伯特·达尔文

主持正义是政府最坚定的支柱。

一旦自由开始生根，就会成为一棵生长极快的植物。

［美］乔治·华盛顿

自由失于放肆之时，专制之魔最易乘虚而入。

［美］乔治·华盛顿

人民有权制定政府的宪法，并有权更改他们的宪法，这是我们政治制度的基础。

［美］乔治·华盛顿

百眼巨人的眼睛正注视着我，为朋友或亲戚提供特权的过失将无法逃脱过去。

［美］乔治·华盛顿

我不能把法律当作吓鸟用的稻草人。

［英］威廉·莎士比亚

脑子可以制定法律管束血液，但当血液沸腾时，它就要跳越冷酷的法律了。

［英］威廉·莎士比亚

如果法官偷窃了自己，盗贼便有权偷窃别人。

[英] 威廉·莎士比亚

法律所追究的只是公诸法律的事实。

卑微的工作是用艰苦卓绝的精神忍受着的，最低贱的事情往往指向最崇高的目标

[英] 威廉·莎士比亚

我怀着比我自己的生命更大的尊敬、神圣和严肃，去爱国家的利益。

[英] 威廉·莎士比亚

国王之中，很少有哪一个是不应当被人们推翻的。

[法] 拿破仑·波拿巴

震动世界的秘诀只有一个，那就是强而有力。因为，权力之中没有谬误或错误。

[法] 拿破仑·波拿巴

为政之道就是勇往直前，有进无退。

[法] 拿破仑·波拿巴

皇帝的宝座不过是一块盖着天鹅绒的木头。

[法] 拿破仑·波拿巴

不以小事为轻，尔后可以成大事。

[法] 拿破仑·波拿巴

我喜欢政权,我是作为艺术家而喜欢政权的。我爱权,就像一位音乐家爱他的提琴一样;我爱权,是为了从中演奏出乐声,演奏出和声,演奏出悦耳动听的音乐。

[法] 拿破仑·波拿巴

我的所作所为,只在影响民族的想象力,我一旦失去这一本领,我将毫无用处,那就得另外一个人来取代我了。

[法] 拿破仑·波拿巴

在政府事务中,公正不仅是一种美德,而且是一种力量。

[法] 拿破仑·波拿巴

爱国是文明人的首要美德。

[法] 拿破仑·波拿巴

任何国家或个人,极端的自由必然会导致极端的奴役。

[古希腊] 柏拉图

法律一方面是为善良的人们判定的,以指导他们友好相处,一方面则是为拒不接受教导的人而制定的,因为他们的灵魂或桀骜不驯,顽固不化;或一意孤行,造孽作恶。

[古希腊] 柏拉图

不是根据全国的利益而只是根据部分人的利益制定的法律不是真正的法律。

[古希腊] 柏拉图

即使为了国王的宝座，也永远不要欺骗、违背真理。

[德] 路德维希·凡·贝多芬

反对的意见在两方面对于我都有益：一方面是使我知道自己的错误，一方面是多数人看到的比一个人看到的更明白。

[法] 勒内·笛卡尔

图难于其易，为大于其细；天下难事，必作于易；天下大事，必做于细。

[中] 老子

慎终如始，则无败事。

[中] 老子

在自由的国家有一百金币，比在专制的国家里有一千个金币更有价值。

[法] 伏尔泰

我们要离去时的世界，和我们来到这个世上时看到的世界一样，是愚蠢而罪恶的。

[法] 伏尔泰

除了一系列对邪恶、叛逆、篡夺、屠杀和战争的描述之外，还有什么历史记载呢？

[法] 让·雅克·卢梭

我深信只有道德的公民才能向自己的祖国致以可被接受的敬礼。

[法] 让·雅克·卢梭

强力并不构成权力，而人们只是对合法的权力才有服从的义务。

[法] 让·雅克·卢梭

放弃自己的自由，就是放弃自己做人的资格，放弃人的权利，甚至放弃自己的义务。

[法] 让·雅克·卢梭

无自由，则国家不能存；无道德，则自由不能存。

[法] 让·雅克·卢梭

自由不仅在于实现自己的意志，而尤其在于不屈服别人的意志；自由还在于不使别人的意志屈服于我们的意志，如果屈服了，那就不是服从公约的法律了。

[法] 让·雅克·卢梭

人民之所以要有首领，乃是为了保卫自己的自由，而不是为了使自己受奴役。这是无须争辩的事实，同时也是全部政治法的基本准则。

[法] 让·雅克·卢梭

唯有服从人们为自己制定的法律才是自由。

[法] 让·雅克·卢梭

一切自由的行为，都是由两种原因的结合而产生的：一种是精神的原因，亦即决定这种行为的意志；另一种是物理的原因，亦即执行这种行动的力量。

[法] 让·雅克·卢梭

自由，是因为一切个人的依附都要削弱国家共同体中同样大的一部分力量；平等，是因为没有它，自由便不能存在。

[法] 让·雅克·卢梭

人生而自由，但也无时不在枷锁之中。自以为是其他一切主人的人，反而比其他一切更像奴隶。

[法] 让·雅克·卢梭

最普遍的意志往往也就是最公正的意志，而人民的意见实际上就是上帝的意见。

公众的信任是一个有效的政府的基础。

[美] 约翰·肯尼迪

不要问你的祖国能为你做什么；要问你能为你的祖国做什么。

[美] 约翰·肯尼迪

要使我国富强起来，需要几十年艰苦奋斗的时间，其中包括执行厉行节约、反对浪费这样一个勤俭建国的方针。

〔中〕毛泽东

人民的宁静是最高的法律。

〔英〕弗朗西斯·培根

民为贵，社稷次之，君为轻。

〔中〕孟子

乐民之乐者，民亦乐其乐；忧民之忧者，民亦忧其忧。乐以天下，忧以天下，然而不王者，未之有也。

〔中〕孟子

得道者多助，失道者寡助。寡助之至，亲戚畔之；多助之至，天下顺之。

〔中〕孟子

失其民者，失其心也。得天下有道，得其民，斯得天下矣；得其民有道，得其心，斯得民矣；得其心有道，所欲与之聚之，所恶勿施，尔也。

〔中〕孟子

科学与真理

大学里绝不会教你如何生存；同样道理，大学教授也和我们一样，简直对这事一无所知。

[英] 艾萨克·牛顿

探索真理比占有真理更为可贵。

[美] 阿尔伯特·爱因斯坦

追求客观真理和知识是人的最高和永恒的目标。

[美] 阿尔伯特·爱因斯坦

在真理的认识方面，任何以权威者自居的人，都必将在上帝的嬉笑中垮台。

[美] 阿尔伯特·爱因斯坦

客观地衡量，一个人在寻求真理的激烈斗争中所能取得的东西实在是微乎其微的。但这场斗争使我们打破了对自身的束缚，并使我们同世界上最优秀、最伟大的人结成同志。

[美] 阿尔伯特·爱因斯坦

我要做的只是以我微薄的力量为真理和正义服务，即使不为人喜欢也在所不惜。

[美] 阿尔伯特·爱因斯坦

在小事上对真理持轻率态度的人，在大事上也是不足信任的。

[美] 阿尔伯特·爱因斯坦

对于一个为了发现一丁点儿真理而奋斗终生的人来说，如果他能亲眼看到别人真正理解并喜欢他的工作，那他就得到了最美好的报偿。

[美] 阿尔伯特·爱因斯坦

还是有不少人，他们不追求那些物质的东西，他们追求理想和真理，得到了内心的自由和安宁。

[美] 阿尔伯特·爱因斯坦

一个人只有以他全部的力量和精神致力于某一种事业时，才能成为一个真正的大师。

[美] 阿尔伯特·爱因斯坦

我要反复思考好几个月；有九十九次结论都是错的，可是第一百次对了。

[美] 阿尔伯特·爱因斯坦

我坚持奋斗五十五年，致力于科学：$A=X+Y+Z$。A 代表成功，X 代表艰苦工作，Y 代表休息，Z 代表少说废话。

[美] 阿尔伯特·爱因斯坦

国家是为人而建立，而人不是为国家而生存。对于科学也是这样。我认为国家的最高使命是保护个人，并且使他们有可能发展成为有创造才能的人。

[美] 阿尔伯特·爱因斯坦

一个没有个人独立性和个人志愿的规格统一的个人所组织的社会，将是一个没有发展可能的不幸的社会。

〔美〕阿尔伯特·爱因斯坦

科学绝不是也永远不会是一本写完了的书。每一项重大的成就都会带来新的问题。任何一个发展随着时间的推移都会出现新的严重的困难。

〔美〕阿尔伯特·爱因斯坦

科学是一种强有力的工具。怎样用它，究竟给人带来幸福还是带来灾难，全取决于人自己，而不取决于工具。刀子在人类生活上是有用的，但它也能用来杀人。

〔美〕阿尔伯特·爱因斯坦

当科学家们为权势所吓倒，科学就会变成一个软骨病人。

〔意〕伽利略·伽利莱

哲学就像展现于我们眼前的一部庞大无比的书，写在这个浩瀚无际的宇宙里。

〔意〕伽利略·伽利莱

我还没遇到一个无知到我不能从他身上学到任何东西的人。

〔意〕伽利略·伽利莱

科学的真理不应在古代圣人的蒙着灰尘的书上去找，而应该在实验中和以实验为基础的理论中去找。

[意] 伽利略·伽利莱

真正的哲学是写在那本经常在我们眼前打开着的最伟大的书里面的，这本书就是宇宙，就是自然本身，人们必须去读它。

[意] 伽利略·伽利莱

科学的唯一目的就是减轻人类生存的苦难，科学家应为大多数人着想。

[意] 伽利略·伽利莱

追求科学需要特殊的勇敢。

[意] 伽利略·伽利莱

你不能去教别人，只能帮助他自悟而已。

[意] 伽利略·伽利莱

最初偏离真理毫厘，到头来就会谬之千里。

[古希腊] 亚里士多德

要给真理下一个满意的论断，必定会比一个党派给一场争论下一个满意的论断更像一位专断者。

[古希腊] 亚里士多德

没有一个人能全面把握真理。

〔古希腊〕亚里士多德

热爱真理的人在没有危险的时候爱着真理，在危险的时候更爱真理。

〔古希腊〕亚里士多德

吾爱吾师，吾尤爱真理。

〔古希腊〕亚里士多德

以作为存在者的存在物为研究对象的人，应该能够说出一切东西的最确切的原理。这就是哲学家。

〔古希腊〕亚里士多德

不读哲学，也是在读哲学。

〔古希腊〕亚里士多德

不能认为还有什么比哲学更值得尊敬的了……其他的知识可能是比哲学更为需要的，但没有一种是比哲学更优越的。

〔古希腊〕亚里士多德

在科学上进步而道义上落后的人，不是前进，而是后退。

〔古希腊〕亚里士多德

教育并不能改变人性，只能改良人性。

[古希腊] 亚里士多德

教育是廉价的国防。

[古希腊] 亚里士多德

教育在顺境中是装饰品，在逆境中是避难所。

[古希腊] 亚里士多德

我的错误给我一好教训，那就是，绝不要相信，在科学上有排他的定律。

[英] 查尔斯·罗伯特·达尔文

人的天职在勇于探索真理。

[波兰] 尼古拉·哥白尼

就是最成功的科学家，在他每十个希望和初步结论中，能实现的也不到一个。

[英] 迈克尔·法拉第

当你的心灵感到满足，不再有所希求时，你就是找到了真理。

[美] 乔治·华盛顿

揭示真理需要付出代价，但真理终将战胜一切。

[美] 乔治·华盛顿

最好是把真理比作燧石，它受到的敲打越厉害，发射出的光辉就越灿烂。

[德] 卡尔·马克思

如果我们选择了最能为人类福利而劳动的职业，那么，重担就不能把我们压倒，因为这是为大家而献身；那时我们所感到的就不是可怜的、有限的、自私的快乐，我们的幸福将属于千百万人，我们的事业将默默地、但是永远存在下去，而面对我们的骨灰，高尚的人们将洒下热泪。

[德] 卡尔·马克思

科学绝不是一种自私自利的享乐。有幸能够致力于科学研究的人，首先应该拿自己的学识为人类服务。

[德] 卡尔·马克思

在科学上面是没有平坦的大路可走的，只有在那崎岖小路的攀登上不畏劳苦的人，才有希望到达光辉的顶点。

[德] 卡尔·马克思

天理昭彰，逃避无方。恶劣手段得来的东西，必然带来恶劣的报应。

[英] 威廉·莎士比亚

健全的理性成就健全的行为。

[英] 威廉·莎士比亚

世间任何事物，追求时候的兴致总要比享用时候的兴致浓烈。

[英] 威廉·莎士比亚

只有光没有热的火花——切不能当作真火。

[英] 威廉·莎士比亚

外表往往与事实本身不符，世人却容易被表面的装饰所欺骗。

[英] 威廉·莎士比亚

为了达到目的，魔鬼也能引用《圣经》。

[英] 威廉·莎士比亚

教育随生命开始，在我们察觉个性已建立之前，后来的教诲已很难将它移动及改变。

[英] 威廉·莎士比亚

真理不需要光彩，美丽不需要画笔。

[英] 威廉·莎士比亚

哲学是至高无上的文艺。

[古希腊] 柏拉图

哲学家是智慧的爱好者，他不是仅爱智慧的一部分，而是爱它的全部。

[古希腊] 柏拉图

哲学家是能够把握永恒不变事物的人，而那些做不到这一点，被千差万别的多样性搞得迷失了方向的人，就不是哲学家。

[古希腊] 柏拉图

尊重人不应胜于尊重真理。

[古希腊] 柏拉图

真理可能在少数人一边。

[古希腊] 柏拉图

若是一个人不知真理，只在人们的意见上捕风捉影，他所作出来的文章就显得可笑，而且不成艺术了。

[古希腊] 柏拉图

尽量行善，热爱自由高于一切，即使在帝王面前，也决不背叛真理。

[德] 路德维希·凡·贝多芬

自由与进步是艺术的目标，如在整个人生中一样。

［德］路德维希·凡·贝多芬

把你的孩子培养成崇高的人，唯有这样才能使他幸福，此乃财富所不能及的事。我是凭经验这样说的。

［德］路德维希·凡·贝多芬

真理存于智慧的人，美存于感动的力，他们所属相同，相互补足。

［德］路德维希·凡·贝多芬

不论将来人们怎么说，我在每一件事情上都一丝不苟地固守真理，不违背事实，不管谁会因此受到伤害，即使伤害我也不例外，这是我诚挚的愿望。

［德］路德维希·凡·贝多芬

真理是时间的女儿。

［德］路德维希·凡·贝多芬

对未来来说，孩子的教育比成人更重要。

［德］路德维希·凡·贝多芬

科学之所以叫作科学，正是因为它不承认偶像，不怕推翻过时的旧事物，很仔细地倾听实践和经验的呼声。

［苏联］斯大林

不爱自由和真理的人，可能成为强有力的人，但绝不会成为伟大的人。

〔法〕伏尔泰

真理是一个必须成熟以后才能摘下来的果实。

〔法〕伏尔泰

我们用人类的语言把真理定义为："对事实的存在本身的陈述。"

〔法〕伏尔泰

不管人家问什么问题都回答的人，肯定是非常无知的。

〔法〕伏尔泰

工作撵走三个鬼：无聊、堕落和贫穷。

〔法〕伏尔泰

哲学家从未自称受了上帝的感动，因为，如果一个哲学家被感动的话，他就不再是哲学家，而是成了一个预言家。

〔法〕伏尔泰

有人说如果哲学家做国王，百姓就会得福。而我看，如果臣民中有很多哲学家，国王就会更为有幸。

〔法〕伏尔泰

一个哲学家的职责并不是怜悯不幸的人们，而是要对于他们有所助益。

[法] 伏尔泰

通向谬误的道路有千条，通向真理的大道只有一个。

[法] 让·雅克·卢梭

为真理不惜生命。

[法] 让·雅克·卢梭

我们一切事业只趋向于两个目的，即为了自己生活的安乐和在众人之中受到尊重。

[法] 让·雅克·卢梭

成功的秘诀，在永不改变既定的目标。

[法] 让·雅克·卢梭

要有所成就，要成为独立自持、始终如一的人，就必须言行一致，就必须坚持他应该采取的主张，毅然决然地坚持这个主张，并且一以贯之地实行这个主张。

[法] 让·雅克·卢梭

我们的第一个哲学教师是我们的两条腿、我们的一双手和我们的一对眼睛。

[法] 让·雅克·卢梭

在所有一切有益于人类的事业中，首要的一件，即教育人的事业。

[法] 让·雅克·卢梭

要启发儿童的学习兴趣，当这种兴趣已很成熟的时候，再教给他学习的方法。这确乎是所有优良教育的基本原则。

[法] 让·雅克·卢梭

真理易于从谬误中产生，难于从混乱中产生。

[英] 弗朗西斯·培根

研究真理（就是向它求爱求婚）、认识真理（就是与之同处）和相信真理（就是享受它），乃是人性中最高的美德。

[英] 弗朗西斯·培根

在人类历史的长河中，真理因为像黄金一样重，总是沉于河底而很难被人发现；相反，那些牛粪一样轻的谬误倒漂浮在上面到处泛滥。

[英] 弗朗西斯·培根

真理是时间的女儿，不是权威的女儿。

[英] 弗朗西斯·培根

使人们宁愿相信谬误，而不愿热爱真理的原因，不仅由于探索真理是艰苦的，而且由于谬误更能迎合人类某些恶劣的天性。

〔英〕弗朗西斯·培根

一定要在科学领域中，不断听到新的进步的脚步声。要树立雄心壮志，超过以往的一切权威。

〔英〕弗朗西斯·培根

人生与社会

在人生的海洋上，最痛快的事是独断独航，但最悲惨的是回头无岸。

　　　　　　　　　　　［意］克里斯托弗·哥伦布

一个人对社会的价值，首先取决于他的感情、思想和行动对增进人类利益有多大作用。

　　　　　　　　　　　［美］阿尔伯特·爱因斯坦

人所具备的智力仅能够使自己清楚地认识到，在大自然面前自己的智力是何等的欠缺。如果这种谦卑精神能为世人所共有，那么人类活动的世界就会更加具有吸引力。

　　　　　　　　　　　［美］阿尔伯特·爱因斯坦

不管时代的潮流和社会的风尚怎样，人总可以凭着高贵的品质，超脱时代和社会，走自己正确的道路。

　　　　　　　　　　　［美］阿尔伯特·爱因斯坦

生命会给你所要的东西，只要你不断地向它要，只要你在要的时候讲得清楚。

　　　　　　　　　　　［美］阿尔伯特·爱因斯坦

要追究一个人自己或一切生物生存的意义或目的，从客观的观点看来，我总觉得是愚蠢可笑的。可是每个人都有一定的理想，这种理想决定他的努力和判断的方向。

　　　　　　　　　　　［美］阿尔伯特·爱因斯坦

　　我从来不把安逸和享乐看作是生活目的的本身——这种伦理基础，我叫它猪栏的理想。照亮我的道路，并且不断地给我新的勇气去愉快地正视生活的理想，是善、美和真。

〔美〕阿尔伯特·爱因斯坦

　　满足物质上的需要，固然是美满生活不可缺少的先决条件，但只做到这一点还是不够的。为了得到满足，人们还必须有可能根据他们个人的特点和能力来发展他们理智上和艺术上的才能。

〔美〕阿尔伯特·爱因斯坦

　　人只有献身于社会，才能找到那实际上短暂而有风险的生命的意义。

〔美〕阿尔伯特·爱因斯坦

　　人类是天生社会性动物。

〔古希腊〕亚里士多德

　　坏人因畏惧而服从，好人因爱而服从。

〔古希腊〕亚里士多德

　　放纵自己的欲望是最大的祸害；谈论别人的隐私是最大的罪恶；不知自己的过失是最大的病痛。

〔古希腊〕亚里士多德

　　人，在最完美的时候是动物中的佼佼者，但是，当他和法律与正义隔绝以后，他便是动物中最坏的东西……他在动物中就是最不神圣的、是野蛮的。

〔古希腊〕亚里士多德

人，以其本性而言，是政治、社会动物。

〔古希腊〕亚里士多德

我认为幸福总是带有愉快之感，对于人，符合于理性的生活就是最好的和最愉快的，因此这种生活也是幸福的。

〔古希腊〕亚里士多德

在每个国家，知识都是公共幸福的最可靠的基础。

〔美〕乔治·华盛顿

不学无术在任何时候、对任何人都没有帮助，也不会带来利益。

〔德〕卡尔·马克思

人的价值蕴藏在人的才能之中。

〔德〕卡尔·马克思

人是最名副其实的社会动物，不仅是一种合群的动物，而且是只有在社会中才能独立的动物。

〔德〕卡尔·马克思

人的本质是社会关系的总和。

〔德〕卡尔·马克思

人要学会走路，也得学会摔跤，而且只有经过摔跤才能学会走路。

［德］卡尔·马克思

使人生具有意义的不是权势和表现的显赫，而是寻求那种不满足于一己之私、且能保证全人类幸福的完美理想。

［德］卡尔·马克思

那些为共同目标劳动因而使自己变得更加高尚的人，历史承认他们是伟人；那些为最大多数人们带来幸福的人，经验赞扬他们为最幸福的人。

［德］卡尔·马克思

人的一生是短暂的，但如卑劣地过这短暂的一生，就太漫长了。

［英］威廉·莎士比亚

人生有如一块用善与恶的丝线交织成的布；我们的善行必须受我们过失的鞭挞，我们的罪恶却又赖我们的善行把它掩盖。

［英］威廉·莎士比亚

人生只不过是行走的影子而已，只不过是在舞台上轰动一时，终又默默无闻的可怜演员。

［英］威廉·莎士比亚

我将世界当成这样一个世界看待，也就是每个人都必须独自演出一个角色的大舞台。

［英］威廉·莎士比亚

一个人要是在他生命的盛年只知道吃吃睡睡，他还算什么东西？

［英］威廉·莎士比亚

上帝向各种生物隐瞒着命运之书。

［英］威廉·莎士比亚

从最高处跌落下来，那变化是可悲的；但命运的转机却能使穷困的人欢笑。

［英］威廉·莎士比亚

人生的过程中最纯粹的珠宝，是没有污点的名誉；失掉它，人便变成镀金的塑像。

［英］威廉·莎士比亚

灵魂里没有音乐，或是听了甜蜜的乐声而不会感动的人，都是些擅长为非作恶、使奸弄诈的歹徒。他们的灵魂像黑夜一样深沉，他们的感情像鬼魅一样幽暗，这种人是不可信任的。

［英］威廉·莎士比亚

穷困会使一个人丧失自尊心——叫一只空袋子站起来是很困难的。

［英］威廉·莎士比亚

老年人是第二次的儿童。

[英] 威廉·莎士比亚

只有做了错事的人，才以心怀戒惧。

[英] 威廉·莎士比亚

当今之世，谁若不趁自己未死之前，预先将墓志铭刻好，那么等到丧钟敲过，他的寡妇哭几声之后，谁也不会再记得他了。

[英] 威廉·莎士比亚

有巨人的力气那是很好的，但若也像巨人一样使用它，那就残暴了。

[英] 威廉·莎士比亚

建立丰功伟业的人，往往借助于最微弱者之手。

[英] 威廉·莎士比亚

没有受过伤害的人，才会讥笑别人身上的创痕。

[英] 威廉·莎士比亚

最好的好人，都是犯过错误的过来人；一个人往往因为有一点点的小缺点，更显出他的可爱。

[英] 威廉·莎士比亚

全世界是一个舞台，所有的男男女女不过是一些演员；他们都有下场的时候，也都有上场的时候。一个人的一生中扮演着好几个角色。

[英] 威廉·莎士比亚

命运是一个很好的女神，她不愿让小人永远得志。

[英] 威廉·莎士比亚

人生如河流，我从不怕逆水行舟。

[法] 拿破仑·波拿巴

什么话都说的人是什么事都不能的人。

[法] 拿破仑·波拿巴

崇高的人和愚蠢的人之间，不过是一步之差而已。

[法] 拿破仑·波拿巴

没有力量，没有毅力，就无道德，也无幸福可言。

[法] 拿破仑·波拿巴

我的人生哲学是工作，我要揭示大自然的奥秘，并以此为人类造福。我们在世的短暂一生中，我不知道还有什么比这种服务更好的了。

[美] 托马斯·阿尔瓦·爱迪生

凡是希望荣誉而舒适地度过晚年的人，他必须在年轻时想到有一天会衰老；这样，在年老时，他也会记得曾有过年轻。

[美] 托马斯·阿尔瓦·爱迪生

我未曾见过一个早起、勤奋、谨慎、诚实的人抱怨命运不好；良好的品格，优秀的习惯，坚强的意志，是不会被假设所谓的命运击败的。

[美] 托马斯·阿尔瓦·爱迪生

征服自己需要更大的勇气，其胜利也是所有胜利中最光荣的胜利。

[古希腊] 柏拉图

运气就像一个球那样圆圆的，所以很自然地，它并非总是落在最善良、最高贵的人头上。

[德] 路德维希·凡·贝多芬

不论怎样不幸都会带来某种幸运。

[德] 路德维希·凡·贝多芬

无论谁只要说一句谎话他就失去了纯洁的心，而这样的一个人煮不出一碗干净的菜汤来。

[德] 路德维希·凡·贝多芬

一个人最难堪的事莫过于被迫去为自己的失误而自咎。

[德] 路德维希·凡·贝多芬

人们不可以因为面对财富的损失就躲到贫穷里来保护自己，面对友谊的失去就逃，人孤独无侣的情境中，也不因为孩子的死亡，就放弃生育；人们应当以理性来面对一切。

[德] 路德维希·凡·贝多芬

一个志在有大成就的人，他必须如歌德所说，用知识限制
自己。

〔德〕路德维希·凡·贝多芬

我要扼住命运的咽喉，绝不被命运所压倒。

〔德〕路德维希·凡·贝多芬

世界是一本书，没有旅行过的人只读了一页。

〔古罗马〕圣·奥勒留·奥古斯丁

对我来说，旅行不是为了到达某个地方，而是为了行走。我
是为旅行而旅行的。旅行的重要意义就是在于动。

〔古罗马〕圣·奥勒留·奥古斯丁

人生就像弈棋，一步失误，全盘皆输，这是令人悲哀之事；
而且人生还不如弈棋，不可能再来一局，也不能悔棋。

〔奥〕西格蒙德·弗洛伊德

没有一个没有理智的人，能够接受理智。

〔奥〕西格蒙德·弗洛伊德

人类通常像狗，听到远远的有狗吠，自己也吠叫一番。

〔法〕伏尔泰

人生布满了荆棘，我所晓得的唯一办法是从那些荆棘上面迅
速踏过。我们对于自己所遭遇的不幸想得越多，它们对于我们的

伤害力越大。

[法] 伏尔泰

人要是惧怕痛苦，惧怕种种疾病，惧怕不测的事情，惧怕生命的危险和死亡，他就会什么也不能忍受。

[法] 让·雅克·卢梭

人生如同道路，最近的捷径通常是最坏的路。

[英] 弗朗西斯·培根

有经验的老人执事令人放心，而青年人的干劲则鼓舞人心。如果说，老人的经验是可贵的，那么年轻人的纯真是崇高的。

[英] 弗朗西斯·培根

顺境中的好运，为人们所希冀，逆境中的好运，则为人们所惊奇。

[英] 弗朗西斯·培根

一个机敏、谨慎的人，一定会交一个好运。

[英] 弗朗西斯·培根

命运如同市场，如果老待在那里，价格多半是会下跌的。

[英] 弗朗西斯·培根

幸运并非没有许多的恐惧与烦恼，厄运也并非没有许多的安慰。

[英] 弗朗西斯·培根

当命运微笑时，我也笑着在想，她很快又要蹙眉了。

〔英〕弗朗西斯·培根

只见汪洋时就以为没有陆地的人，不过是拙劣的探索者。

〔英〕弗朗西斯·培根

为了要替自己煮蛋以致烧掉一幢房子而毫不后悔的人，乃是极端的利己主义者。

〔英〕弗朗西斯·培根

人是一切的中心，世界的轴。

〔英〕弗朗西斯·培根

天使为欲求与神同等的权力，而犯法堕落；人类为求知识与神同等，而触法堕落。

〔英〕弗朗西斯·培根

意外的幸运会使人冒失、狂妄，然而经过磨炼的幸运却使人成为伟器。

〔英〕弗朗西斯·培根

炫耀与外表的才干徒然令人赞羡，而深藏不露的才干则能带来幸运。

〔英〕弗朗西斯·培根

命运也往往是由人自己造成的。正如古诗人所说："每个人都是自身的设计师。"

［英］弗朗西斯·培根

幸运所需要的美德是节制，而厄运所需要的美德是坚忍；后者比前者更为难能可贵。

［英］弗朗西斯·培根

人类的命运是受苦与死亡。

［古希腊］荷马

伟人小传

艾萨克·牛顿 （Isaac Newton）

生于 1643 年 1 月 4 日，卒于 1727 年 3 月 31 日，英国皇家学会会长，英国百科全书式的物理学家。牛顿在物理学、数学等方面均有卓越建树。他提出万有引力定律、牛顿运动定律，发明反射式望远镜，并与莱布尼茨共同发明微积分，被誉为"近代物理学之父"，代表作品有《自然哲学的数学原理》《光学》。

孔子

名丘，字仲尼。出生于公元前 544 年 9 月 28 日，卒于公元前 478 年 4 月 11 日，山东曲阜人。他是中国最伟大的思想家和教育家，儒家学说的创始人，被尊为"至圣先师"、"万世师表"。孔子公认的成就表现为：创立儒家学说，这种思想成为几千年来中国自上而下的主流意识。他提出了较为完整和进步的教育思想，至今仍为世人所认可。他整理编撰了大量的古代文献，这些文献堪称中国文化的源头。凡此种种均对中国历史和文化进程产生了无与伦比的影响，代表著作《论语》。

克里斯托弗·哥伦布 (Christopher Columbus)

1451 年生于意大利热那亚，1506 年卒于西班牙巴利亚多利德。他终生从事航海事业，先后四次远航，发现了美洲大陆，从而名垂青史，被誉为"最伟大的探险家和航海家"他发现和利用了大西洋不同纬度的风向变化，证明了大地球形学说的正确性，考察了美洲大陆 2000 多公里的海岸线，以及多地的地形地貌，促进了旧大陆与新大陆的联系，这些成就都是空前的，为人们认识世界产生了重大的价值。

阿尔伯特·爱因斯坦 (Albert Einstein)

1879 年 3 月 14 日生于德国乌尔姆市，卒于 1955 年 4 月 18 日，犹太裔物理学家。他是公认的继伽利略、牛顿以来的最伟大的物理学家。爱因斯坦提出了光子假设，阐明了光电效应，因此被授予 1921 年的诺贝尔物理学奖。他首创的效益相对论和广义相对论，这些理论贡献对 20 世纪以来的世界物理学发展产生了广泛而深远的影响，被认为是人类物理学的奇迹，代表作品是《相对论》。

伽利略·伽利莱 (Galileo Galile)

1564 年 2 月 15 日出生于比萨，卒于 1642 年 1 月 8 日。意大利数学家、物理学家和天文学家，近代实验科学的奠基人之一。他在实验的基础上总结出自由落体定律、惯性定律和相对性原理，融会贯通了数学、物理学和天文学三门知识，改变了人类对物体运动和宇宙的认识。他的实验推翻了传统以亚里士多德臆测的物理学知识，否定了托勒密的地心理论，证明了哥白尼日心学说的正确性，奠定了经典力学基础，这种以实验和观察而建立知识体系的认知方式否定了纯思辨性的传统自然观，开创了以实验事实为依据并具体有严密逻辑体系的近代科学。因而被誉为"近代力学之父"，伽利略的科学理论对牛顿力学体系的建立和后来力学理论的完善产生了重大而深远的影响。代表作品有《星际使者》《关于太阳黑子的书信》。

亚里士多德（Aristotélēs）

公元前 384 年出生于古希腊色雷斯，卒于公元前 322 年 3 月 7 日。世界古代最伟大的哲学家、思想家、科学家和教育家，古希腊哲学的集大成者。亚里士多德是一位百科全书式的科学家，对诸多学科和领域都做出过贡献，其创作博大丰富，涉及形而上学、伦理学、经济学、心理学、政治学、语言学、自然科学等领域，对文学和法律也有独到见解，在哲学上贡献尤为突出，是西方哲学的奠基性人物，他创立的亚里士多德学派影响深远。代表作有《形而上学》《政治学》《伦理学》《物理学》《工具论》等。

查尔斯·罗伯特·达尔文 (C. R. Darwin)

1809 年 2 月 12 日生于英国普雷斯顿，卒于 1882 年 4 月 19 日。著名生物学家和博物学家。他在五年的环球航行中，对动植物和地理环境地质构造进行了大量的考察和采集，创立了生物进化论学学说。其理论对人类学、生物学及自然哲学的进步都产生了不容忽视的影响。其代表作有《物种起源》《动植物在家养下的变异、人类的由来、性选择》。

乔治·华盛顿 (George Washington)

1732 年 2 月 22 日出生于美国弗吉尼亚州威斯特摩兰县，卒于 1799 年 12 月 14 日。作为美国第一任总统，他组织了机构精干的联邦政府，颁布司法条例和法案，成立了联邦最高法院。他批准杰斐逊支持的公共土地法案，奠定了西部自由土地制度的基础。在连任两届总统后，他自愿放弃权力不再续任，退隐农庄。这一切对后来美国人的思想和社会发展都产生了重大影响。由于他在美国独立战争和建国中的重要角色，被誉为"美国国父"，堪称美国历史上最伟大的总统之一。

卡尔·马克思 (Karl Marx)

1818 年 5 月 10 日出生于德国莱茵省，1883 年 3 月 14 日卒于英国伦敦，马克思主义的创始人之一，国际共产主义运动的先驱，被称为世界无产阶级和劳动者的伟大导师、精神领袖。他创立的学说，成为世界无产阶级和劳动者的信仰，宣告了社会发展的最终结果是资产阶级的灭亡和共产主义的实现，揭示了社会发展的客观规律。他一生创作丰硕，主要作品有《资本论》《共产党宣言》《1844年经济学哲学手稿》等。

亚当·斯密（Adam Smith）

1723年6月5日出生于苏格兰，卒于1790年7月17日。经济学鼻祖，其经济学思想是西方古典经济体系的基石，也是现代经济学的重要源流。马克思主义经济学的许多重要思想都来源于此。同时，亚当·斯密在西方政治学、伦理学方面也造诣颇深，在西方思想界具有深远的影响。代表作有《国富论》《道德情操论》。

威廉·莎士比亚（William Shakespeare）

1564年4月23日出生于英国瓦维克郡，卒于1616年4月23日。是欧洲文艺复兴时期最富有代表性的作家，其艺术成就主要表现在戏剧和诗歌，被誉为"人类文学史奥林匹克山上的宙斯"，也被后人与古希腊三大悲剧家埃斯库勒斯、欧里皮德斯和索福克勒并称为"戏剧史上四大悲剧家"。有《莎士比亚全集》流传于世，代表作品是《哈姆莱特》《李尔王》《威尼斯商人》《罗密欧与朱丽叶》等。

拿破仑·波拿巴（Napoléon Bonaparte）

出生于1769年8月15日，卒于1821年5月5日。19世纪法国最伟大的军事家和政治家，法兰西第一帝国的缔造者，有战争之神的美称。他颁布的《法国民法典》《商法典》《刑法典》，完善了世界法律体系，奠定了西方资本主义国家的社会秩序，让法国大革命的思想得到了更为广阔的传播，受到法国人的尊敬与爱戴。代表作有《拿破仑文选》。

托马斯·阿尔瓦·爱迪生 (Thomas Alva Edison)

1847 年 2 月 11 日出生于美国俄亥俄州米兰镇，1931 年 10 月 18 日卒于美国新泽西州西奥兰治，著名发明家。爱迪生的主要发明有：1877 年留声机、1878 年电灯、1889 年电影摄像机、1891 年电影放映机、1910 年声影一体的摄像机。他一生的几十项发明，对人们的生活和进步产生了极其深远的影响，被美国第 31 任总统胡佛誉为："他是一位伟大的发明家，也是人类的恩人。"

柏拉图 (Plato)

出生于公元前 426 年希腊雅典，卒于公元前 347 年。古希腊乃至西方历史上最伟大的哲学家和思想家。他和老师苏格拉底、学生亚里士多德并称为希腊三贤，他的思想和学说被后人广为传播，称之为柏拉图主义、柏拉图思想或柏拉图式爱情，对西方思想界和文化界具有深远的影响。代表作品有《理想国》。

路德维希·凡·贝多芬 (Ludwig van Beethoven)

1770 年 12 月 16 日出生于德国波恩，卒于 1827 年 3 月 26

日。历史上最杰出的音乐家，维也纳古典乐派代表人物之一，世界音乐史上最伟大的作曲家之一。以九部交响曲蜚声世界乐坛。集古典音乐之大成，开浪漫主义之先河，对世界音乐的发展产生极其深远的影响，被誉为"乐圣"和"交响乐之王"。代表作品有《月光》《田园》《悲怆》《命运》《英雄》《合唱》《热情》《黎明》等。

圣·奥勒留·奥古斯丁 （Aurelius Augustinus）

出生于公元 454 年 11 月 13 日，卒于公元 430 年 8 月 28 日。古罗马帝国时期天主教思想家，欧洲中世纪基督教神学及教父哲学的重要代表人物。是天主教四大圣师之一，在罗马天主教中被誉为圣人和圣师。他的著作《忏悔录》《论一位一体》《上帝之城》《论自由意志》《论美与适合》影响深远，是西方宗教改革的救赎、恩典的思想起源。

盖乌斯·尤利乌斯·恺撒 （Gaius Julius Caesar）

公元前 102 年 7 月 12 日出生于罗马，卒于公元前 44 年 3 月 15 日，遇刺身亡。他是古罗马共和国的领袖和军事统帅，被称为恺撒大帝。因为他是罗马帝国的奠基人，在帝国享有至高无上的地位，被一些历史学家称为"无冕之皇"，强大的罗马帝国成为人类历史上最辉煌的历史之一，留下无数对后世产生深远影响的故事和事迹。作为一代帝王，他才能卓越，仁慈大度，堪称历史上少有的杰出政治家和军事家。遗作主要有《高卢战争》《内战记》《亚历山大战记》《阿非利战记》等。

西格蒙德·弗洛伊德 (Sigmund Freud)

1856 年 5 月 6 日出生于奥地利摩拉维亚, 1939 年 9 月 23 日卒于伦敦。著名精神病医生、心理学家，精神分裂新学派的创始人。其精神分析理论及方法对人类认识自身及大脑的生理机能大大推进了一步，并产生了深远的影响，是近代以来最伟大的心理学家。主要著作有《歇斯底里症研究》《梦的解析》《日常生活之精神病学》《性学三论》《国情与禁忌》《论自恋》《超越快乐原则》《自我与本我》《精神分析概论》等。

勒内·笛卡尔 (Rene Descartes)

1596 年 3 月 31 日出生于法国安德尔－卢瓦尔省, 1650 年 2 月 11 日卒于瑞典斯德哥尔摩。法国著名哲学家、物理学家、数学家、神学家。他对现代数学的发展做出了重要贡献，因将几何坐标体系公式化而被认为是"解析几何之父"，著名的平面直角坐标系也是由他创立。他的名言"我思故我在"提出了"普遍怀疑"的主张，成为欧洲近代哲学的重要奠基人，被黑格尔誉为"近代哲学之父"，在世界哲学史上产生了深远影响，堪称是 17 世纪欧洲哲学界和科学界的巨匠，被后人誉为"近代科学的始祖"。代表著作有:《方法论》《几何》《屈光学》《哲学原理》《形而上学的沉思》等。

约瑟夫·斯大林 (Joseph Stalin)

出生于 1879 年 12 月 21 日，卒于 1953 年 3 月 5 日。苏联前领导人、大元帅，列宁逝世后苏联最重要的领导人。第二次世界大战中，指挥苏联红军战胜了德国法西斯侵略并使苏联成为国际强国。主要著作有《马克思主义和民族问题》《论苏联伟大卫国战争》《马克思主义和语言问题》《苏联社会主义经济问题》等。

老子

姓李名耳，字伯阳，谥号聃，出生于公元前 600 年左右，卒于公元前 470 年左右，河南鹿邑县人。中国最杰出的哲学家和思想家，道家学派的创始人，被尊为"道教始祖"。老子的著作《道德经》是中国人思想文化的重要源泉，对中国人的思维方式和行为方式具有深入骨髓的影响，至今仍有历久弥新的魅力。

伏尔泰 (Voltaire)

1694 年 11 月 21 日出生于法国巴黎，卒于 1778 年 5 月 30 日。本名弗朗索瓦－马利·阿鲁埃，伏尔泰是他的笔名。18 世纪法国资产阶级启蒙运动的泰斗，著名学者和作家。他主张开明的君主政治，崇尚自由平等，被誉为"法兰西思想之主""法兰西最优秀的诗人"和"欧洲的良心"。代表作品有《哲学通信》《形而上学伦》《路易十四时代》《老实人》等。

让·雅克·卢梭 (Jean-Jacques Rousseau)

出生于 1712 年 6 月 28 日瑞士日内瓦，卒于 1778 年 7 月 2 日巴黎东北面的阿蒙农维拉。伟大的启蒙思想家、哲学家、教育家和文学家，18 世纪法国大革命的思想先驱和启蒙主义者，也是欧洲启蒙运动最富影响力的代表人物之一。浪漫主义文学流派的开创人之一。其思想和文化成就广泛，涉及诸多人文社科领域。主要作品有：《论人类不平等的起源和基础》《爱弥儿》《忏悔录》《新爱洛漪丝》《社会契约论》《论科学与艺术》等。

约翰·肯尼迪 (John Kennedy)

1917 年 5 月 29 日出生于马萨诸塞州，卒于 1963 年 11 月 22 日，美国第三十五任总统，并且是美国历史上支持率最高的总统。他因支持并制定美国太空计划即阿波罗计划而受到后人的普遍尊重。

弗朗西斯·培根 (Francis Bacon)

出生于 1561 年 1 月 22 日，卒于 1626 年 4 月 9 日。英国文艺复兴时期最重要的哲学家和文学家。除了上述人文科技领域外，在自然科学领域也取得了重大成就。他思想深邃，语言精美，富含哲理，充满了理性的光辉，丰富的创作给后人产生了深远的影响。主要著作有《学术的进步》《新大西岛》《培根随笔》等。

孟子

名孟轲，字子舆，公元前 372 年出生于山东邹城，卒于公元前 789 年。他继承并发扬了孔子的思想，成为仅次于孔子的儒学宗师，对中国文化产生了全面而巨大影响，被誉为"亚圣"，时常被后人与孔子合称为"孔孟"，是中国历史上著名的思想家和教育家。代表作品有《孟子》一书流传。

荷马 (Homer)

出生于约公元前 9 世纪，卒于公元前 8 世纪，古希腊盲诗人。他创作的《荷马史诗》是人类历史最伟大的史诗之一，据传是他根据民间传说的短歌编写而成，许多典故和成语流传至今，成为西方文学和文化的重要源头，在很长时间里影响了西方的宗教、文化和伦理观。

尼古拉·哥白尼 (Nicolaus Copernicus)

1473 年 2 月 19 日生于波兰托伦市，卒于 1543 年 5 月 24 日，著名天文学家。他曾是一位医术高明的神医，40 多岁时提出了"日心说"，成为人类认识宇宙的一次革命，对后来的伽利略和开普勒的理论形成产生了深刻的影响。其代表作《天体运行论》是现代天文学的奠基石。

列宁 (Vladimir Ilyich Lenin)

原名弗拉基米尔·伊里奇·乌里扬诺夫，1870 年 4 月 22 日出生于俄罗斯辛比尔斯克，卒于 1924 年 1 月 21 日，著名的马克思主义者，无产阶级革命家、思想家、政治家。俄罗斯苏维埃联邦社会主义共和国和苏维埃社会主义联盟的主要缔造者，布尔什维克党的创始人，十月革命的主要领导者，苏联人民委员会主席。列宁是他参加社会主义运动时的化名。他把马克思的学说与俄国革命相结合，开创了世界上第一个社会主义国家，创立列宁主义，被世界共产主义者公认为国际无产阶级革命的伟大导师和精神领袖。是 20 世纪最具国际影响力的人物之一。主要作品有《国家与革命》《帝国主义是资本主义的最高阶段》等。

迈克尔·法拉第（Michael Faraday）

1791 年 9 月 22 日出生于英国萨里郡纽因顿，卒于 1867 年 8 月 25 日。是一位靠自学成才的物理学家、化学家。他提出的关于电力场的关键性发现，奠定了电磁学的基础，他首次发现电磁感应现象并发明了产生交流电的方法，直至创造出圆盘发电机，改变了人类生活和生产的历史，其贡献具有强大而深远的价值。被后人誉为"电学之父"和"交流电之父"。科学论著有《电学实验研究》。